후천선경문명

증산도상생문화총서 029

후천 선경 문명

발행일	2015년 6월 20일
지은이	양우석
펴낸곳	상생출판
주소	대전광역시 중구 중앙로 79번길 68-6
전화	070-8644-3156
팩스	0505-116-9308
홈페이지	www.sangsaengbooks.co.kr
출판등록	2005년 3월 11일(제175호)

ISBN 979-11-86122-06-8
　　　978-89-957399-1-4(세트)

후천선경문명

유토피아와 지상천국을 중심으로

양우석 지음

상생출판

Contents

I

서론

■앞으로는... 내가 이곳 해동조선에 지상천국을 만들리
니 지상천국은 천상천하가 따로 없느니라.(7:83:7)

지상천국地上天國이란 문자 그대로 '지상에 존재하는 천국'이
라는 뜻으로 인류가 장구한 세월 꿈꾸어 온 이상향에 대한 포
괄적 표현이다. 여기서 표면상으로는 하늘(천국)과 땅(지상)이
대조적인 개념이지만 이질적인 두 개념이 뭉쳐져서 한 개념으
로 드러나면서 무한한 의미공간을 확대 재생산하고 있다.

일차적으로 하늘은 시간과 공간의 제약을 벗어난 자유로운
세계를 뜻하는 반면, 땅은 철두철미 시공간과 인과율의 지배
를 받는 필연의 세계. 그런데도 하늘의 자유로운 세계가 지
상에 존재하는 것이 곧 지상천국이다. 한마디로 지상천국이란
개념은 자체 모순이지만, 바로 그렇기 때문에 동시에 역동적
이다. 역동적이라 함은 두 모순적인 개념이 합쳐짐으로써 이
모순을 해소하려는 운동
이 일어날 수밖에 없기 때
문이다. 그래서인지 실제
로 지상천국과 관련한 사
상적, 역사적 운동은 엄청
난 역동적 모멘트를 인류
사의 좌표 위에 선연히 그
려내고 있는 것이다.

■안견의 몽유도원도. 동양 이상향을 그린 대
표작.

서양의 사회사상사에서 보면, 지상천국은 일종의 이상향으로서 유토피아와 비슷한 의미를 가지고 있다. 'utopia'란 그리스어로 부정을 뜻하는 'ou'와 장소를 뜻하는 'topos'가 합쳐진 것으로 '아무 데도 없는 곳'이라는 일견 매우 이상한 뜻을 가지고 있다. 즉, 아무 데도 없다는 것은 그 자체가 허구라는 뜻이기도 하다. 그런데도 인류는 이러한 허구를 추구해 왔다는 것은 앞뒤가 맞지 않아 보인다. 그러므로 유토피아란 말은 아무 곳에도 없다는 허구라는 뜻으로 다하여지는 것은 절대 아니다. 만일 이 용어가 단지 허구로 끝나는 것이라면 역사적으로 아무런 영향도 미치지 못했을 것이다. 단지 그 허구의 개념을 바로잡으면 그만이었을 것이다. 그러나 역사는 그렇지 않다는 것을 분명히 가르쳐줬다. 실제로 이것은 근대 초기에 토

플라톤이 실재했다고 주장한 아틀란티스 대륙 상상도

마스 모어T.More의 작품명(1516)이 되면서 일약 유명한 용어로 등장한다. 그 이후로 이 용어는 사회사상사에서 빼놓을 수 없는 중요한 이슈가 되고, 또 그 자체로 독자적 역사를 형성해 왔다. 그 후 유토피아 개념은 기독교사상에서 "천년왕국"으로 공식화되면서 그 개념의 역동성이 급격히 활기를 띄기 시작한다. 다시 말하면 그 개념을 생산해 내는 사회적 환경의 급속한 변화를 초래한 것이다.

유토피아라는 말은 단순한 용어나 개념이 아니라 그때마다의 역사적, 사회적 상황을 반영하는 거울과도 같은 것이다. 이 개념이 점차 힘을 얻어 왔다는 것은 그만큼 역사적 현실이 역설적인 상황이었음을 말해 준다. 이 용어가 담고 있는 현실적인 내용이 급격히 암울해졌다는 것이다.

지상전국은 곧 유토피아와 다르지 않다. '전국'이 현실을 초월한 이상향을 뜻한다면 '지상'은 이 초월성을 다시 지상의 현실로 탈바꿈시키는 역할을 한다. 'utopia'에서 'ou'가 '아무 데에도 없는'이라는 초월성을 뜻하는 반면, 'topos'가 지상의 어떤 현실적인 장소를 뜻하는 것과 동일한 구조인 것이다. 그러므로 이 글에서는 비록 사소한 뉘앙스의 차이를 인정한다 하더라도, 두 개념을 근본적으로 동일한 것으로 간주한다. 플라톤의 이상국가, 기독교의 천년왕국, 기독교의 에덴동산과 낙원, 마르크스주의의 공산주의 사회, 동양 도가의 선경, 유가의 대동세계, 불가의 용화龍華세계 등이 모두 대동소이한 의미외

연을 형성한다고 할 수 있다.

이 연구의 종착역이 될 증산도의 '후천선경後天仙境'이란 용어도 이 범주에 들어가며, 크게 보아 지상천국이나 유토피아의 개념과 다르지 않다. 따라서 너무 까다로운 용어 한정은 이 연구에서는 큰 의미가 없다. 다만 그 내용상의 변화와 차이를 어떻게 이해해야 할 것인지가 훨씬 더 중요하다. 단, 편의상 증산도의 지상천국 개념인 '후천선경'과 대비시키기 위하여 선천의 지상천국 사상을 유토피아라 하였다.

먼저, 동양에서 이상향을 그리는 사회사상은 여러 가지 형태로 존재한다. 여기서 유토피아 개념은 매우 뿌리 깊은 기원을 가지고 변천을 거듭해 왔다. 이러한 사상은 단지 사상으로 그치는 것이 절대 아니며 인간의 사회적인 욕구 불만을 전제로 한다는 사실이 중요하다. 그러므로 동양의 유토피아사상은 엄연한 사회사상이요 사회 변천사를 반영한 실천적 사상인 것이다.

무병장수를 그리는 도가의 이상사회론은 도연명의 『도화원기桃花源記』에 잘 나타나 있다. 이것을 단순히 설화로 치부하여 허구로 만들기는 손쉽지만 중요한 것은 그 안에 들어 있는 이상향의 성격을 추적하는 일이다. 왜냐하면 상식적으로는 이해할 수 없는 일들이 이 이야기에서는 너무나 리얼하게 그려지고 또 계속해서 사람들의 깊은 관심을 끌기 때문이다. 이 일화에서 도화원은 분명 지상에 있는 마을이지만 합리적으로는 도저히 이해할 수 없는 허구적인 형태를 하고 있다. 인간이 갈구해 온 이상향이요 서양에서 그려 온 유토피아인 것이다.

유가에서 그리는 대동大同세계 역시도 윤리, 도덕적으로 완전한 세계라고 할 수 있다. 단 이 세계는 지나간 과거의 공간에 존재한다. 그러나 그 존재감은 과거가 아니라 현재를 지배한다. 단지 과거에 있었던 것은 현재의 진정한 관심거리가 될 수 없기 때문이다. 따라서 대동세계는 오직 현재의 인간과 세계에 대하여 지대한 의미를 가지는 것이다. 그러나 과연 이러한 이상적인 세계가 정말 현실에 있었는지는 의심스럽다. 아니, 어쩌면 불가능하다고 해야 할 것이다.

불교에서 말하는 용화세계는 미래에 출세할 미륵불이 있는 세계이다. 따라서 아직 실현되지 않은 미래의 세계다. 이 세계역시 인간이 가상 절실히 길구해 온 이상향의 한 형태라고 할 수 있다. 그 시점은 분명 아직 오지 않은 미래지만 그 의미공간은 철저히 현재에 주어진다는 점에 그 묘미가 있다. 즉 단순히 미래에 일어날 일로 치부하고 마는 것이 아니라 현재의 상황에 대한 비판과 그 대안의 성격을 강하게 가지고 있다. 미래는 현재에 들어와 생생한 의미를 더하는 것이다.

근대에 들어 동양의 대표적인 유토피아 사상은 중국의 태평천국太平天國과 조선의 동학東學이 그리는 이상사회상에서 선명하게 드러난다.

태평천국은 특이하게도 기독교 전통의 천국론에 중국 전

통 사상이 결합된 형태의 사회를 추구한다. 물론 태평천국 역시 단순한 사상에 그치지 않고 그러한 사회를 구현하기 위한 구체적 활동을 전개하여 세인에게는 일반적으로 '태평천국의 난'이라고 알려져 있다. 그러나 이상적인 천국을 철저히 이 지상에 건설하고자 했던 그들의 이념은 지상천국론을 대변하고 있다.

조선의 동학 역시 하느님인 상제님이 실제로 이 땅에 강세하여 지상천국이 이루어질 것이라는 단순한 수동적인 메시지만이 아니라 그러한 세계를 실현하고자 실제로 '동학혁명'을 전개한다. 물론 동학 역시 직간접으로 중국을 통해 전래된 천주교의 영향을 받은 것이 사실이다.

태평천국운동과 동학, 두 사건은 근대 동양의 역동적 사회운동을 읽을 수 있는 대표적인 지상천국 운동이라고 할 수 있다. 두 사건은 아무런 인과관계도 가지지 않지만 전세계적으로 형성되었던 이상향 건설운동의 동시적 음향을 읽을 수 있는 모델이다.

서양에서는 지상천국의 구체적 형태가 기독교에서 가장 잘 드러나기는 하지만 사실 고대로부터 분명한 잠재적 소지를 가지고 있었다. 플라톤의 이상국가론(『폴리테이아』)은 곧 이데아론을 토대로 하고 있으며, 그 핵심 사상은 역시 지상천국론의 범주 내에 있다고 볼 수 있다. 이상국가란 결국 지상에 건설된 이데아의 세계라고 할 수 있기 때문이다. 플라톤이 그리는 국가는 천상 이상세계의 원리에 따라서 지상에 건설되는 현실적인 국가이며, 이 세계에서 가장 이상적인 정치가 이루어지고, 그럴 때 인간은 가장 행복하다는 논변이 바탕에 깔려있는 것이다. 물론 당시의 실제적인 현실은 그렇지 못하다는 비판을 전제로 한 것이다. 플라톤의 이상국가론이 무르익었을 때는 사실 그리스사회의 타락과 부패가 극에 달해 있었을 때였다. 분명 플라톤의 작품은 사회의 총체적 부패상을 치유하기 위한 철학자 플라톤의 처방이었다.

기독교는 실제로 유토피아가 '천년왕국'이라는 형식으로 실현된다고 믿어 왔다. 천국에 대한 새로운 상像을 정립한 인물은 예수와 그의 뒤를 이은 사도 바울, 그리고 계시록을 쓴 요한이다. 그들의 천국관은 그때마다의 시대상을 반영한 것이며, 그 부정적 측면을 일소하기 위한 진단과 처방을 아우른 것이다.

기독교의 유토피아론 이후에도 계속해서 그 맥락에서 지상천국의 실현을 추구한 것은 서양 사회사상사의 커다란 특징이다. 말하자면 기독교의 유토피아론은 서양 사회사상을 이끌어온 숨은 원동력과도 같은 것이다. 16세기 토머스 모어의 『유토피아』를 선두로 캄파넬라(『태양의 나라』), 베이컨(『뉴 아틀란티스』), 블로흐(『희망의 원리』) 등의 유토피아론이 풍미했다. "과학적 사회주의", 즉 공산주의를 표방한 마르크스와 그의 친구 엥겔스의 이상사회론도 이 범주에 속한다. 사실 이 설이 가장 주목할 만한 것이다.

마르크스와 엥겔스는 자신들의 과학적 사회주의에 입각하여 프랑스와 영국의 이른바 "공상적 사회주의"를 비판했다. 그러나 오늘날의 입장에서 보면 마르크스의 공산주의가 과연 과학적 사회주의인지 묻지 않을 수 없다. 왜냐하면 그들이 말하는 공산주의는 미래를 제대로 예측하지 못하고 오히려 독재적 사회주의를 탄생시키는 계기를 마련했기 때문이다. 그러나 마르크스의 공산주의가 서양 유토피아론의 극치를 보여주고 있음은 분명한 사실이다.

그런데 현실은 어떠한가. 동서양을 막론하고 인간이 사는 현실의 세계는 언제나 고난으로 한 시도 편할 날이 없는 어두운 세상이다. 물론 그렇지 않을 때가 없었던 것은 아니지만 대부분의 보통 사람들은 삶의 고통을 감내하기 어려운 지경에 살고 있는 것이다. 그렇다고 언제나 이런 어두운 세계 속에 갇혀 있을 수는 없는 일이다. 어려운 환경에 처하면 처할수록, 사람들은 이에 대한 반동으로 더욱 가열차게 희망을 추구하면서 이 어두운 고통의 그늘을 벗어나고자 한다. 이것은 어쩌면 환경의 작용에 반응하는 인간의 불굴의 본성인지도 모른다. 그 탈출구가 바로 지상천국이요 유토피아인 것이다. 어떻게 보면 어쩔 수 없이 이 어두운 현실에 머무르면서 밝은 이상향을 추구한다는 것 자체가 하나의 해방인지도 모를 일이다. 그러나 이 이상향은 단지 관념 속에서만이 아니라 실제적으로 가능해야 하는 것이다.

그런데 이러한 이상향을 단지 이론적으로 설정하는 데 그치지 않고 실제로 이 땅위에 건설하고자 필생의 노력을 경주한 한 걸출한 인물이 있었다. 하기야 이런 노력을 경주한 인물이 어디 한둘이랴만 그는 정말 남다른 면모를 갖추고 있었다. 그는 단지 기존의 세계에 부정적으로 대결하기 보다는 보다 높은 긍정을 추구했다. 아니, 그는 이러한 긍정의 에너지로 들끓는 인물이었다. 그는 단지 부정적 현실에 비판을 가하는 데 머물지 않고 그러한 현실을 새로운 현실로 전화하기 위해 일생을 바칠 정도로 순수한 정렬을 불살랐다. 그는 서양 사람으로서 동양에 와서 하느님의 나라, 천국을 실제로 지상에 건설하고자 한 마테오 리치M.Ricci(1552~1610) 신부이다. 이러한 시도 자체가 당시로서는 파격 자체였다. 그는 동서양에서 역사적으로 추구해 온 이상향을 실제로 지구촌에 건설하려는 원대한 이상을 가슴 속에 품고 동양에 건너와서 일생을 이 꿈을 실현하기 위한 일에 바쳤다.

그러나 혹자는 의문을 제기할 것이 뻔하다. 과연 정말 일개 기독교 가톨릭 신부인 그가 일생에 걸쳐 한 일을 이렇게 평가할 수 있을 것인가? 혹시 지나치게 주관적이고 자의적인 해석에 지나지 않는 것은 아닐까? 그것은 아닌게 아니라 심히 의심스러운 일이다. 얼핏 보기에 그가 한 일이라곤 단지 가톨릭신부로서의 삶 그 이상도 이하도 아닌 것처럼 보이기 때문이다.

그가 동양에 와서 선교사로서 동분서주하면서 꾼 꿈이 바로 이러한 지상천국을 실제로 건설하는 일이었다는 놀라운 해석을 제시한 것은 『증산도도전』(1992)이다. 여기서는 마테오 리치("이마두")를 단지 지상천국을 건설하고자 노력한 한 위대한 인물로 그리는 데 그치지 않고 지금까지 인류가 꿈꾸어 온 이상향을 실제로 이 현실의 지상에 건설한 일꾼으로 그리고 있다. 즉 그는 단지 그러한 놀라운 노력을 한 인물이 아니라 실제 역사에 지상천국을 건설했다고 주장하는 것이다. 물론 그는 이런 일을 성취한 것은 생전이 아니라 사후다. 그렇다고 하더라도 이것은 정말 파격적인 해석이다. 실제로 그가 지상천국을 건설하려 노력했다고 보는 것도 전무후무한 해석인데, 이에 그치지 않고 그러한 이상을 실제로 실현했다고 주장하는 것이다. 그 진실을 차치하고라도 정말 흥미롭지 않은가? 그 해석의 근거는 과연 무엇일까 자못 궁금하지 않을 수 없다.

지금까지 인류가 꿈구어 온 지상천국이라는 유토피아, "한낮의 꿈"인 유토피아는 증산도에서 내세우는 "선경仙境"에서 마무리된다. 선경은 단지 개념으로만 본다면 도가道家 고유의 개념인 "선仙의 경지境地"로서 신선의 도적인 경계를 염두에 둔 것으로 보인다. 그러나 인간으로 강세한 증산 상제님은 이 개념을 "후천선경", "조화선경"이라 하여 미래에 실현된 인류의 이상낙원으로 구체화한다. 그것은 단지 이상적인 데 그치는 것이 아니라 미래에 확고하게 실현될 세계인 것이다.

- 조화선경造化仙境을 열어 고해에 빠진 억조창생을 건지려 하노라.(5:3:4)
- 후천선경의 조화가 이 주문 속에 있느니라.(9:198:1)

그러나 알고 보면 우리가 처음부터 대표적 용어로 사용하고 있는 '지상천국地上天國'이라는 용어는 이미 증산 상제님이 직접 사용하신 것으로 전혀 낯선 것이 아님을 알 필요가 있다. 이것은 정말 놀라움으로 우리에게 다가온다.

- 앞으로는... 내가 이곳 해동조선에 지상천국을 만들리니 지상천국은 천상천하가 따로 없느니라.(7:83:7)

후천이라는 구체적 시공간에 실현될 이상적인 사회가 바로 후천선경이요, 이것은 곧 지상천국이기도 한 것이다. 또 후천선경은 인류가 지금까지 꿈꾸어 온, 지상에 세워질 천국의 이상향이라는 점에서 지상천국이라는 개념과 완전히 일치한다. 이에 대해서는 대체로 선언적인 메시지가 주를 이루기 때문에 어느 정도 체계적이고 일관된 해석을 통해서 그 실체에 접근하는 우회적 작업이 필요하다. 이에 도달하는 것은 그 만큼 험난하기 때문에 우선은 손에 잡히는 대로 지금까지의 인류 역사에서 형성된 지상천국 사상을 살펴볼 필요가 있다.

지상천국은 사회사상이라는 형식과 도덕론이라는 내용을 동시에 담고 있는 복합적 개념이다. 인간이 자연 위에 인위적으로 삶의 터전을 건설하는 문제와 연관된다는 점에서 문명론의 일환이라고도 할 수도 있다. 그리고 문명론은 결국 인간의 행복한 삶을 지향한다. 인간은 어떻게 하면, 어떤 조건에서 행복을 누릴 수 있을까? 사회사상은 이 문제를 사회의 구조에서 찾고자 하고, 도덕론은 인간의 내면에 있는 의지의 향배向背에서 찾고자 한다. 따라서 지상천국론은 인간과 사회라는 양면에서 동시에 행복을 찾고자 하는 운동의 일환이라고 볼 수 있다. 즉 인간의 내면적 덕성과 그것을 외적으로 가능하게 할 조건을 만족시키는 방법을 모색하는 것이다.

'지상천국'이라는 주제는 결국 인류에게 희망을 주기 위한 것이다.

그러면 우리가 서있는 지금의 시점은 어느 때인가? 지금 인류는 유토피아가 아닌 디스토피아[1], 희망이 아닌 절망의 나락으로 빠져들려 하고 있다고 진단하는 것은 섣부른 판단일까?

---

1) 'distopia'는 'utopia'와 반대가 되는 개념으로 이상향이 아닌 절망과 불행을 담고 있는 세계다. 이에 대해서는 양종근, 「관리되는 행복: 우울한 디스토피아의 세계」, 『유토피아』(문예미학 제7호), 문예미학회 2000, 352~367쪽 참고. 너무 완벽한 행복을 꿈꾸는 것은 사실은 불행을 초래할 수도 있다는 구체적인 예를 통해 그 위험을 경고하고 있다.

아니다, 그렇지 않다. 이 시대에 들려오는 엄청난 파열음들은 이러한 판단을 재촉하고 있다. 가장 잘 알려진 생태학적 위기, 각종 자연재난은 물론 각종 사회적 부조리, 경제난, 종교 분쟁, 전쟁, 인간 소외 등은 아무리 열거해도 모자랄 지경으로 심각하다.

이 주제는 그런 한에서 매우 절박한 현실의 문제를 다룰 수밖에 없다. 따라서 이 주제는 단순히 이론적인 유희를 즐기려는 것도, 진기한 사상적 유희를 탐하려는 것도 아니다. 지금까지 인류에게는 이러한 희망적 메시지를 갈구해 온 생생한 역사가 있으며, 이것은 실제 미래에 실현될 인류의 이상향을 예시하는 일이다. 그 역동적 내용의 실체에 접근해 보는 흥미롭고도 험난한 여정을 이제부터 시작해 보려고 한다.

II

선천先天의 유토피아 사상들

지금까지 인류가 겪어 온, 아니 인류가 존재하기 이전의 아득한 예로부터 지금까지의 시간대를 동양철학에서는 선천先天이라고 부른다. 그러나 우리 인간이 존재해 온 이래의 시간이 우리에게는 유의미한 것이기 때문에 지금까지의 인류의 역사(선사를 포함) 시간대를 선천이라고 뭉뚱그려 표현하기도 한다. 그렇다면 그 근본적인 특징은 무엇일까?

　기독교의 구약성경과 이란의 고대 문헌들이 전하는 수많은 신화와 설화들에 따르면, 인류가 탄생하여 지상에서의 삶을 막 시작할 즈음에는 거의 낙원상태였다.[2] 그곳은 유토피아, 즉 지상 어느 곳에도 실제로는 존재하지 않는 관념적인 이상향이 아니라 실제로 지상에 존재하는, 말 그대로의 낙원이었다고 한다. 약간의 차이는 있지만 대체로 인간은 신과 다르지 않은 생활을 했다. 의식주를 해결하기 위해서 힘든 노동을 할 필요가 없었고, 종족간의 갈등이나 개인간의 불화도 아직 없었다. 따라서 분쟁이나 갈등, 전쟁이 없었다. 오직 솜사탕 같은 평화만이 지속되었다. 저 그리스의 신화는 이러한 종족을 황금족, 그러한 시절을 황금시대라고 묘사하고 있다. 그러나 이 평화상태는 그 어떤 원인으로 인하여(환경적 변화나 인간의 타락 등등) 깨지고 말았다.[3]

----

2) 스티브 테일러 지음, 우태영 옮김, 『자아폭발』, 서울: 다른세상 2011, 145쪽 참고.
3) 물론 이러한 해석은 지극히 사실과학적 관점에서 제기된 것이다. 인류의 시초를 보다 설득력있게 설명하기 위해서 때론 신화적 해석을 하기도 한다. 즉 기독교 성경은 인간이 신에게 죄를 지음으로써 신의 세계에서 추방된 것으로 묘사한다.

갑자기 인류는 더 이상 낙원이 아닌 냉엄한 현실로 내던져진다. 인간은 의식주를 해결하기 위하여 노동을 하지 않으면 안 되었고, 그 과정에서 크고 작은 갈등에 휘말려야 했다. 인구가 증가하고 그 만큼 갈등이 심화되었을 때, 삶의 피로는 인류를 엄습하기 시작했다. 종족간, 국가간 전쟁이 발생하고 삶은 더욱 팍팍해져 갔다. 인간의 내면 역시 안정이 아닌 갈등과 불안으로 채워졌다. 인간의 도덕과 윤리가 강조되는 것은 바로 이러한 배경에서였다. 즉 도덕률과는 정 반대의 상황이 인간과 세계를 지배하기 시작한 것이다. 그리하여 마치 인간에게는 희망보다는 절망의 상태가 더욱 익숙한 듯했다.

그러나 인간은 절망의 존재만이 아니라 희망의 존재, 과거에 찌든 존재만이 아니라 미래를 설계하고 희망을 가꾸는 적극적 존재이기도 한 것이다. 인간은 이렇게 어두움과 밝음의 양면을 가졌기에 다른 여타의 존재들보다 위대한 것이기도 하리라. 그 증거가 바로 역사 속에 여러 형태로 등장하는 유토피아사상이다. 그것은 동서양에 공통한 것이다. 다만 문화와 풍토의 차이로 인한 크고 작은 차이를 수반할 뿐이다. 동서양을 가로질러 인간이라는 보편성은 동일한 것이다.

그러나 자연의 태양이 동방에서 떠오르듯이, 역사의 태양 역시 언제나 동방에서 시작하는 법이다. 그러한 동방땅에도 어

자연적, 사회적 환경이나 인간의 내면이나 모두 인간 인식의 변화를 염두에 둔 것이다.

김없이 유토피아 사상이 역사의 처음을 장식하고 있음은 진정 놀라운 일이다.

1. 동양

사람은 먹고 마시며 노동하는 존재인 동시에 생각하는 존재이기도 하다. 그 생각은 인간이 처한 현실이 만들어내는 여러 가지 문제들을 진단하고 처방하여 실제로 해결해 나가기 위한 적극적 도구의 역할을 하기도 한다. 인간은 다른 동물들과 달리 이 생각을 가졌기에 문화와 역사를 창조해 나가는 위대한 존재인 것이다. 일찍이 데카르트는 "나는 생각한다, 고로 존재한다."는 코기토의 명제를 선언하여 인간의 위대함과 우월성을 역사 위에 각인하지 않았던가.

이러한 생각은 환경과 전통에 따라 그 형태를 달리한다. 그것은 매우 자연스러운 일이다. 생각이라는 보편성은 지역적 특수성으로 세분화되면서 발전하는 것이다.

동양에는 여러 전통이 있지만 대체로 유교와 불교, 도가사상으로 간단히 정리할 수 있다. 물론 편의상 그렇게 나눈 것이다.[4] 근대에 일어난 소위 태평천국 사상도 이 범주에 넣어서

----

4) 아프리카의 이집트 문명에서 가장 신비한 피라밋에 얽힌 유토피아 사상을 이 범주에 넣을 수도 있다고 본다. 이 글에서 더 이상 천착하지는 않겠지만, 피라밋에는 고대인들의 천국관이 그대로 반영되어 있다. 피라밋이 정확히 왜 건축되었는지, 그 용도는 무엇인지 아직 확실하게 밝혀지지는 않은 상태다. 그러나 지금

고찰하려고 한다. 여기에는 동양의 전통적인 유토피아 사상(특히 유가의 대동사상)이 반영되어 있다.

동양의 유토피아 사상은 도가의 무릉도원에 가장 잘 나타나 있다. 가장 선명하고 또 시적인 정취가 깊을 뿐 아니라 다양한 해석을 가능하게 하는 아름다운 구조를 가지고 있기 때문이다. 서정적인 정취가 물씬 풍기고, 또 엄마품 같은 아늑함을 느끼게 해주는 고향의 이미지를 선사하기 때문이기도 하리라.

① 도교의 무릉도원

황제黃帝와 노자老子를 시조로 하는 도교는 장생불사를 추구하는 신선의 도맥에 닿아 있다. 그들은 주로 복잡한 세상사에 끄달리는 마음의 허욕을 버리고 저 현묘한 우주 생명의 밑바닥을 노닐면서 장생불사의 몸을 이루어 인간의 유한한 생명을 완성하는 지성무욕至誠無慾의 정신을 추구했다. 이러한 그들의

까지의 연구 결과로 보면, 피라밋은 이집트의 왕인 파라오의 무덤이며, 그의 영혼이 하늘로 올라가는 계단의 역할을 한다고 한다. 파라오는 단순한 인간이 아니고 태양신이며 창조신인 라Ra의 아들 혹은 그의 화신化身이다. 왕은 단지 왕국을 통치하는 것이 아니라 "우주의 질서정연한 운행"을 유지하는 것이 가장 중요한 사명이다. 그것은 구체적으로 "우주의 주기성을 유지하는 일"로 천체의 운행, 사시의 흐름, 달의 운행, 식물의 성장, 나일강의 간만 등이다. 어떻든 피라밋은 파라오의 무덤으로서 하늘로 올라가는 계단 혹은 사다리라는 설이 힘을 얻고 있다. 피라밋에는 왕의 현실玄室에서 남북쪽으로 두 개의 창이 나있는데, 남쪽 창은 신을 상징하는 별 시리우스를, 북쪽 창은 북극성을 향한다. 이집트 역사의 후기로 오면서 왕만이 아니라 평민들도 천국으로 갈 수 있다고 여겼다고 한다. 피라밋은 이러한 천국사상을 집약하고 있다. 마노 다카야 지음, 임희선 옮김, 『낙원』, 서울: 들녘 2000, 199~221쪽 참고.

도맥의 연원을 거슬러 올라가 보면 신기하게도 당시 동방의 맹주였던 고조선의 신교 전통에 맞닿는다.[5]

　노자는 만물이 생겨나는 근원을 도道, 무無, 허虛라는 형이상 학적 개념으로 나타내기를 즐겨했으니, "도는 하나를 낳고, 하나는 둘을 낳고, 둘은 셋을 낳고, 셋은 만물을 낳는다."(道生一, 一生二, 二生三, 三生萬物.)고 설파했다. 그런데 노자는 이 도가 결국은 자연(스스로 그러함)을 본받는다고 했다. "사람은 땅을 본받고, 땅은 하늘을 본받고, 하늘은 도를 본받고, 도는 스스로 그러함을 본받는다."(人法地, 地法天, 天法道, 道法自然.) 자연은 노자 사상의 중심인데, 무위無爲라는 다른 중심 개념과 연결된다. 무위란 아무 것도 하지 않는다는 것이 아니라 불필요한 작위적 행위를 하지 말라는 뜻이다. 자연이 최고의 형이상학

■무릉도원도. 무병장수와 복된 삶을 추구한다.

5) 안경전, 『이것이 개벽이다(상)』, 256쪽 참고.

적 존재라면 무위는 그러한 상태를 실천하는 방법인 것이다. 따라서 이 문맥에서 무위란 불필요한 작위적 행위라는 중립적인 뜻이 아니라 그러한 행위를 하지 말라는 당위적 명령의 의미를 담고 있다. 또 여기서 말하는 자연은 삼라만상으로 벌어진 외적 자연이 아니라 결국 사람이 사람답게 사는 모습을 말한다.[6] 그 모습을 그린 주옥같은 대표적 사례가 아래에 소개할 무릉도원이다.

동양 고대의 문화에서 무릉도원으로 대표되는 이상향을 보통은 '선경仙境'이라 부른다. 선경에서 '선' 자는 신선神仙이나 선인仙人 등을 뜻하는 글자지만 원래는 '옮긴다'는 '천遷'의 의미를 가진다고 한다.(『釋名』)[7] 선인이나 신선은 원래 시간과 공간의 구애를 받지 않고 옮겨다니는 존재라는 일차적인 뜻을 담고 있다. 또한 선경이란 현실과 동떨어진 이상세계를 의미하는 '유토피아'와는 달리 세속과 유리되지 않은, 그래서 속인이라 할지라도 수행을 통해서 신선이 되어 도달할 수 있는 세계로 그려진다. 물론 이러한 외관과는 달리 실제적 내용은 다분히 유토피아적 색채를 띠고 있다. 시간적, 공간적 설정이 그러하다. 지금부터 고찰해 보려는 무릉도원의 이야기는 보통사람도 우연히 그런 세계를 경험할 수 있을 것으로 설정되어 있다.

6) 임수무, 「(노자 도덕경) 해설」, 『도덕경』, 계명대출판부, 246쪽 참고.
7) 오상훈, 「중국 고대의 선경(仙境)」, 『유토피아』, 문예미학사 2000, 21쪽 참고.

이 이야기의 배경은 바로 도연명(365?~427)의 『도화원기桃花源記』에 등장하는 한 시골의 마을이다. 그 개략의 이야기는 이러하다.

동진東晉의 태원太原(동진 효무제의 연호)때 무릉武陵이란 지방(동정호 서쪽)에 사는 한 어부가 계곡에서 길을 잃고 헤메다가 복숭아꽃이 만발한 숲에 이르러 보니 복숭아 꽃잎이 강물에 둥둥 떠내려오고 있었다. 그 물줄기를 계속 따라 거슬러 올라가니 물줄기가 끝나는 지점에 산이 하나 있고, 그 곳에 조그만 굴의 입구가 있어서 어부는 배에서 내려 그 안으로 계속 들어갔다. 놀랍게도 그 안에는 드넓은 평지가 나타나고 기름진 논밭과 집들도 있었다. 아름다운 연못과 뽕나무, 대나무도 보였다. 닭 울고 개 짓는 소리도 들렸다. 사람들은 바깥세계에서와 같은 생활을 하고 있었다. 사람들의 얼굴은 밝아 보였다. 그들은 어부에게 그곳에 오게 된 경위를 물었고, 닭을 잡아 술을 대접했다. 그들은 진秦의 난리를 피하여 이곳으로 피난온 뒤로는 바깥세상이 나가지 않았다고 했다. 그래서 지금이 어느 세상인지 모르고 있다는 것이다. 어부는 이렇게 머물기를 여러 날 지난 뒤에 돌아오는 길에 길가 곳곳

■도화원기의 저자 도연명.

에 조약돌로 표시를 해 두었다. 집에 돌아와서는 곧 이 사실을 군의 태수에게 알려 길가의 표시를 찾아 추적했지만 끝내 찾을 수 없었다.[8]

　도연명陶淵明은 도가계열의 문인이다. 이 이야기에 나오는 무릉도원을 현실과 동떨어진 이상적 세계라는 관점에서 현실도피적 경향을 가진 도가사상의 부류로 보는 것은 큰 무리가 없어 보인다. 여기에는 정치적, 경제적 속박이 없는 이상향이 그려진다.

　도가사상의 원류라고 볼 수 있는 노자는 "가장 훌륭한 지도자는 사람들에게 그 존재 정도만 알려진 지도자"[9]이고, "도는 언제나 작위적인 함이 없으면서도 하지 않음이 없다."[10]고도 했다. 그런가 하면 사람이 가장 행복하게 살 수 있는 곳을 "국토는 자그맣고 인구는 얼마 되지 않는다. 문명의 이기利器가 있어도 사용하지 않는 것이 좋고 …비록 갑옷과 무기가 있어도 사용하지 않는다. … 이웃 나아가 바라다보이고, 닭 우는 소리 개 짓는 소리가 서로 들리지만 늙어 죽을 때가지 서로 왕래하는 일이 없다."[11]고 하였다.

　그런데 여기서 노자가 이상향으로 그린 것은 말 그대로 국

----

8) 이제원 역, 『고문관지』, 서울: 지영사 1998, 306~307쪽 참고.

9) 노자, 『도덕경』제17장.

10) 위의 책, 제37장.

11) 위의 책, 제80장.

가가 아니라 그 크기로 볼 때 일종의 촌락 공동체라고 할 수 있다. 지금까지는 주로 이러한 설정을 말 그대로 '인구가 적은 나라' 정도로 이해해 온 것이 사실이다. 그러나 현실적으로 이러한 생각이 유지되는 데는 어려움이 있다.

중국에는 전통적으로 중앙 국가와 지방의 촌락 공동체가 수천 년간 대립적으로 존속하고 있었다고 한다. 예로부터 국가 권력은 백성들의 생활과 생존을 배려하기 보다는 일방적으로 수탈하였으므로 촌락 공동체는 어떻게 해서든 자력으로 생존할 수밖에 없었을 것이다. 이런 공동체를 국가에 맞서는 다른 국가로 볼 수는 없을 것이다. 그렇다고 노자가 중앙 국가를 부정한 것은 아니다. 춘추전국의 혼란에 실직당한 인텔리 출신이었던 것으로 보이는 그는 비록 정치에 염증을 내고는 있었지만 그것을 부성하지는 않았다. 아마 그것을 부정하는 것은 현실적으로 공허하고 의미가 없었을 것이다. 아마도 중앙 국가를 필요악으로 보았는지도 모른다. 그래서인지 오히려 유능한 지도자가 잘 관리하는 커다란 국가 조직의 존재를 암암리에 전제하고 있다. 그래야 촌락 공동체에서는 당대의 군주가 누군지도 잘 모를 정도가 되어야 한다는 말이 성립될 수 있다. 만일 노자가 그리는 마을이 말 그대로 국가라면 '당대의 군주가 누군지도 모른다'는 표현은 매우 어색한 의미를 가지게 된다. 같은 마을에 사는 사람의 얼굴을 모른다는 것은 매우 폐쇄적인 왕이거나 아니면 그 마을이 매우 크다는 것을 전제로 하는데, 이것은 그 어느 경유든 앞뒤가 맞지 않는 것이다.[12] 따라서 노자가 그리는 이상향은 국가가 아니라 지방의 향리에 가까운 것이라는 추론이 가능하다.

이처럼 노자가 그리는 이상향은 아마도 도연명의 무릉도원과 매우 닮은 모습인 것 같다. 무릉도원의 사람들은 당대가 어떤 시대인지조차 모르고 또 관심도 없었다. 그들은 삶에 여유가 있고 정치적 관심이 없었다. 그러나 무릉도원 밖의 세상에 국가 권력이 있으리라는 것은 부정하지 않는다. 이점에서만 본다면 동양의 이상향은 플라톤의 이상국가나 토마스 모어의 유토피아와 설정이 좀 다른 것이다. 어디까지나 현실적인 국가 안에 존재하는 이상적인 주거의 한 로컬인 것이다. 이상적인 국가나 사회의 구조에 대한 치열한 분석과 비판대신에 다분히 시적이고 상상적인 메타퍼를 이용해 접근하고 있는 것이다.

문제는 이러한 이상향이 실제로 있을 수 있는가 하는 것이다. 무릉도원이나 노자가 그리는 소국과민은 계획적으로 성립된 플라톤의 이상국가나 모어의 유토피아와는 상당히 다르다고 여겨진다. 위에서 언급했듯이, 설정이 전혀 다른 뉘앙스를 풍기고 있는 것이다. 그러나 실제로는 본질적으로 다르지 않은 것으로 볼 수 있기도 하다. 엄격하게 본다면 인간의 상상력이 만들어낸 허구라고 할 수 있다. 가히 소설 속에서나 등장함직한 설정인 것이다. 현실적인 국가 안에 그러한 영역이 존재

---

12) 『불교와 노장사상』, 17~21쪽 참고.

하는 것을 인정할 군주나 국가 권력은 존재하지 않을 것이다. 무릉도원의 존재를 찾아 나선 태수가 만일 그러한 영역을 발견했다면 어찌했을 것인가? 답은 금방 주어진다. 아마도 그대로 두지는 않았을 것이고, 그러한 이상향의 상태는 바로 깨지고 말았을 것이다. 또 플라톤의 이상국가나 모어의 유토피아 역시 말 그대로 인간의 상상이 만들어낸 허구일 뿐이다. 현실적으로는 욕망과 이기심을 가진 인간의 산물이라고는 가정하기 힘들기 때문이다. 물론 그러한 욕망과 이기심을 컨트롤할 수 있는 구체적인 제도적 장치를 제시한다는 점에서 보다 합리적 설정이라고 할 수 있을 것이다.

이제 무릉도원의 특징을 살펴보자.

첫째, 무릉도원은 시간과 공간의 구애를 받지 않는다. 무릉도원은 세인들의 눈에는 띄지 않는 특별한 공간에 위치하는 것으로 보이는데, 이것은 상식의 차원을 벗어난 것이다. 어떻게 그러한 공간이 실제로 가능한지는 아무도 모른다. 적어도 합리적으로 설명하는 것은 불가능하다. 그 곳에 갔던 어부가 다시 그 곳에 가려고 했으나 불가능했던 것이다. 둘째, 어떻게 7~800년 전에 일어난 일을 엊그제 일어난 일처럼 생각하고 살 수 있는지의 문제이다. "신선놀음에 도끼자루 썩는 줄 모른다"는 말이 있듯이, 이곳에서의 시간의 흐름은 바깥 세상의 그것과 전혀 다르다는 것이다. 즉 그곳에 사는 주민들은 나이를 먹고 있음을 느끼지 못한다는 것인데, 이에 대한 합리적 설명은 발견되지 않는다. 셋째, 무릉도원은 정치적, 경제적 속박에서 벗어난 특별한 곳으로 묘사된다. 어떻게 현실 세계에 존재하면서 그러한 속박을 벗어날 수 있는지는 합리적으로 설명되지 않는다.

무릉도원은 아마도 물질적, 정신적 고통 속에서 힘든 하루하루를 살아가야만 하는 보통 사람들의 염원이 담겨 있는 이상향이라고 볼 수 있다. 그곳에서는 시간과 공간의 지배를 받지 않고 자유롭게 살며, 따라서 늙지도 않고 의식주의 문제도 없기 때문에 걱정거리도 없다. 그렇다고 죽지도 않는지는 알 수 없지만 아마도 무병장수할 것이다. 또 그 마을의 규모는 그리 크지 않은 것으로 보이며 호화롭지도 않은 것으로 보아 소박하면서 걱정근심 없이 살 수 있는 최소한의 조건을 갖춘 곳으로 보인다. 전체적으로 매우 도가적인 설정으로 보인다.

끝으로 밝혀둘 것은 노장 사상의 위대성과 아쉬운 점이다. 그들 가르침의 핵심이라고 할 수 있는 무위자연의 삶, 자연의 스스로 그러한 변화질서에 순응하는 삶은 분명 우주 속에 살아가는 인간에게 영원한 길을 제시하고 있다. 그러나 이러한 우주 변화 운동의 주재자에 관한 언급은 불분명하고 희미하다. 물론 그들의 경전인 『도장道藏』에는 옥황상제玉皇上帝라는 우주 주재자의 호칭이 새겨져 있다. 그런 만큼 이들은 우주의 신비와 비밀에 대한 수준 높은 통찰을 하고 있었음을 알 수 있다. 그러나 그뿐이다. 그 이상의 자세한 언급이 없는 것이다. 말하자면 삶의 핵심이 되는 뿌리에 대한 천착이 부족하다는 것이다. 혹은 진정한 삶을 지탱해줄 수 있는 기둥이 없는 것과도 같이 공허할 수도 있는 성정으로 만족하고 있는 것이다.

그리하여 그 이후 주로 양생술과 기복신앙으로 기울어지면서 세속적 관심이 지배하게 되어 도와 그 주재자의 긴밀한 관계에 대한 더 이상의 관심은 나타나지 않는다. 대개 인간이 육신을 가지고 있는 한 세속적 욕망과 관심을 완전히 벗어던질 수는 없으나 동시에 자신 안에 숨겨져 있는 영성을 일깨움으로써 그의 정신 생활은 한 단계 비약하게 되는 것이다. 그러나 도가의 관심은 이에 이르지 못하고 세속화하고 만 것이다. 인간의 삶의 고통과 의미, 우주의 본질과 그 운행, 다가올 인류와 우주의 미래 등에 대한 관심은 세속적 욕망의 배후로 사라져 버린다. 이제 그들이 기원한 신교적 전통, 우주의 근원과 그 주재자를 기둥으로 삼아 새로운 삶을 추구하는 길로 되돌아가야 할 것이다.

② 유교의 대동세계

"대동大同"은 『예기禮記』「예운禮運」편에 나오는 사회의 한 형태이다. '예기禮記'란 말 그대로 예에 대한 기록이다. 그리고 예란 인간 생활의 외면적 규율로서 크게는 제도와 법률로부터 작게는 의식이나 몸가짐에 이르기까지의 내용을 두루 망라하고 있다. 인간 행위의 규범이라는 말로 대치할 수도 있을 것이다. 예를 외면적인 규율이라 하지만 내면에 커다란 영향을 준다는 점에서 반드시 외면이라고만 못박을 수는 없기 때문이다. 아마도 내면이라 하더라도 그것을 객관화하여 현실적으로 드러내지 않을 수 없으며, 이러한 측면을 이른 것으로 볼 수 있겠다.

그러면 '예운'이란 무엇인가? 예운이란 '예의 운행'으로서 예의 변혁의 과정 및 음양의 유통 이치를 뜻한다.[13] 원래 「예운」편은 공자의 제자인 자유子游의 문인의 기록에서 나온 것이라고 한다.[14] 자유의 계열에서 후일 법가사상이 태동했다는 점을 감안한다면 여기에 등장하는 내용은 다분히 법가적인 뉘앙스를 강하게 풍긴다고 해석된다. 그리고 예운편의 내용은 주로 공자의 언설을 담은 것이다. 그러나 예운편의 핵심어인 "대동"과 "소강小康"(조금 편안한 세상) 등은 공자가 아닌 노장의 것이라는 설도 제기된다.[15]

공자상. 2006년 공자기금회가 제작하여 공개한 높이 2.557m 의 공자 표준상.

---

13) 權五惇 역해, 『예기』, 홍신문화사 1979, 192쪽 참고.
14) 남만성 역주, 『예기(중)』, 서울: 평범사 1982, 158쪽 참고.
15) 권오돈, 위의 책, 192쪽 참고.

왜냐하면 이 편이 그리고 있는 이상적인 세계인 대동의 내용은 노장사상에서 이상적 사회상으로 제시하는 무위의 치治의 세상과 잘 맞아 떨어지기 때문이다. 어디까지나 하나의 가능성으로 생각해 볼 수 있다는 정도이다.

우리가 여기서 관심을 갖는 "대동"은 『주역』의 '동인同人'과 '대유大有'괘를 합친 것이라는 통설이 있다. 대유大有의 '대大'와 동인同人의 '동同'이 합쳐진 개념이라는 것이다. 내용적으로 보아 큰 무리가 없는 주장으로 보인다. 사람과 사람이 합심하면 크게 소유하는, 진정으로 소유하는 위대한 사회가 이룩될 것이기 때문이다. 여기서는 우선 공자의 언설의 요지는 무엇이며, 어떤 의미가 있는지를 밝히는 것이 급선무이다.

> ■ 대도가 행해지던 시대에는 천하를 자기의 사유물로 생각하지 않고 공공公共의 것으로 보았다. 그러므로 임금된 자는 이것을 자기 자손에게 전하지 않고 어질고 유능한 자를 가려서 전수했다. 신의를 강명하고 화목하는 길을 닦았다. 그러므로 사람들은 홀로 그 어버이만을 친애하지 않고 다른 사람의 어버이에게까지 미치며, 홀로 그 자식만을 자애하지 않고 다른 사람의 자식에게까지 미쳤다.[16]

---

16) 권오돈 역해, 위의 책, 192~93쪽.

이렇게 시작되는 「예운」편이 그리는 사회는 각자가 자신의 직분을 다할 수 있고, 따라서 누구도 불행을 느끼지 않는 행복한 사회라는 요지를 담고 있다. 또한 살아가는 데 가장 기본적으로 요구되는 재화는 개인이 독점하지 않았고, 따라서 부가 편중되거나 독점되지 않았다. 또한 각자는 자신의 노동력을 반드시 자기 한 몸만을 위하지 않고 세상 사람의 행복과 이익을 위해서 썼다. "사람마다 풍습이 이와 같기 때문에 간특한 계모가 폐색되어 일어나지 못하고 도절난적이 절멸하여 일어나지 못했다. 그렇기 때문에 사람마다 대문을 잠그지 않고 편안하게 살 수 있었으니 이것을 대동大同의 세상이라고 한다." (동상)

요약하자면, 대동의 세상은 대도가 행해지는 세상, 그러한 사회라고 할 수 있다. 사회의 구성원은 각자가 자신의 분수를 지키고 맡은 바 직분을 다함으로써 사리사욕에 빠지지 않고 공공의 이익을 우선적으로 생각했다. 욕심을 버렸기 때문에 분쟁이 일어나지 않았고, 질서가 깨지지 않아서 서로간에 사랑이 넘치는, 한마디로 인의仁義가 살아있는 사회였다. 한마디로 이타주의적 윤리가 작동하던 사회라고 이해할 수 있다. 이타주의란 생각할 수 있는 가장 이상적인 윤리이다. 오로지 자신만을 위하는 이기주의의 정반대 윤리인 것이다. 이기주의는 가장 타락한 사회에 나타나는 윤리의 형태인 것이다. 플라톤의 이상국가나 토머스 모어의 유토피아가 그리던 이상향과 다르지 않다고 할 수 있다.

그런데 여기서 그리는 대동의 사회는 현재가 아닌 과거의 모습이다. 「예운」편에서 공자는 자신의 조국인 노나라에 주공周公의 예가 행해지지 않음을 탄식하면서 과거 요순과 주공 등 성현의 대도가 행해지던 이상적인 시대를 그리워하고 있다. 공자는 이상적인 정치가 실현되어 인간이 행복하게 살 수 있는 이상적인 사회가 과거에 이미 존재했다고 보는 것이다. 이렇듯 공자의 현실인식은 다분히 비판적이며 과거지향적이다. 과거에 찬란하던 문화는 더 이상 존재하지 않고 파괴되어 과거와 정반대의 암울한 모습을 연출하고 있다고 보는 것이다. 공자는 자신의 이상을 과거의 이상향에 설정하고 암울한 현실에 그러한 이상향을 다시금 실현시키고자 했다고 할 수 있다. 그러나 공자의 꿈은 끝내 좌절되었다고 볼 수 있다. 그는 자신의 이상을 실현시킬 수 있는 국가를 현실에서는 끝내 찾을 수 없던 것이다. 마침내 그는 뜻을 접고 제자를 가르치는 일에 만족할 수밖에 없었다. 마치 플라톤이 이상국가를 지상에 실현하고자 평생 동분서주하였으나 끝내 뜻을 이루지 못하고 결국 아카데미아를 세워 제자를 기르는 데 만족했던 것과 흡사하다.

그러면 과거의 찬란했던 대도가 사라지고 나타난 세상은 구체적으로 어떤 모습이었을까? 공자는 자신의 시대를 최악의 시대로 여기기 때문에 대도가 사라진 세상을 곧바로 자신의 시대와 동일시하지 않고 그 이전에 비록 대도는 아니지만 차선의 여러 단계에 나타나는 세상의 모습을 제시한다. 그는 대도가 사라진 다음 첫 번째로 나타나는 세상을 이렇게 묘사한다.

> ■임금된 자는 천하를 자기의 사유물로 만들어서 이것을 자손에게 전해 주고 어진이에게 전하지 않았다. 사람은 저마다 그 어버이만을 친애할 뿐 다른 사람의 어버이를 친애하지 않고, 자기 자식만을 사랑할 뿐, 다른 사람의 자식은 사랑하지 않았다. 재화를 거두는 것도 힘을 내는 것도 모두 자기 한 몸만을 위하는 것 뿐이었다. 대인 (군주-임금)은 자손에게 대대로 전하는 것을 가지고 나라의 예로 삼고, 성곽을 쌓고, 못을 파서 나라의 방비를 튼튼히 했다. 예의禮義를 만들어서 나라의 기강을 삼아 군신 사이를 바르게 하고 부자 사이를 돈독히 하고, 형제 사이를 돈독하게 하고, 부부 사이를 화합하게 했다. 제도를 만들고 전리田里를 세우고, 용맹과 지혜를 숭상하고, 공업功業을 세우는 것도 자기만을 위해서 했다.[17]

한 마디로 개인주의에 바탕한 사유재산이 형성되어 각자 자신의 개인 소유에 관심이 집중되는 시기이다. 서양 근대의 시민사회의 속성에 해당하는 내용이다. 개인의 권리와 자신의 이익에 관심을 쏟게 되면 개인간에 충돌을 피할 수 없게 되어

---

17) 권오돈 역해, 위의 책, 193~4쪽.

자연스럽게 이 충돌을 중재할 수 있는 "예의"가 필요하게 된다. 마치 서양 근대에 개인주의와 이성주의가 등장하여 사법私法(실정법, 시민법)이 등장할 수 밖에 없었던 사정과 유사하다. 여기서 예의란 대체로 외적인 권리 관계를 명문화하고 인간관계에서 서로 충돌하지 못하도록 하는 제도적 장치도 의미한다. 예의란 이처럼 넓은 의미를 가진다.

이 시기에 우·탕·문·무·주공 등의 현군이 이 예의로 세상을 교화했다. 이들은 예의를 닦아 그 의리義理로 믿음을 이루고, 허물을 밝히며, 인애仁愛의 길을 본받아 겸양謙讓의 도리를 통해 백성에게 지켜야 할 상도常道가 있음을 보여주었다. 이 상도를 어길 경우에는 비록 왕자王者라 하더라도 백성이 폐출의 대상으로 삼았다. 이것을 소강小康, 즉 조금 편안한 세상이라 하였다. 보통 소강상태라는 말을 하는데 바로 이 상태를 말한다. 즉 대도가 행해지던 대동의 세상, 저절로 인의가 지켜지고 공도公道가 중심을 이루던 세상이 끝을 고하고 소강상태의 세상, 인의는 작위적으로 만들어진 예의에 의해서 겨우 유지되던 시대인 것이다. 물론 이 시대는 조금 편안한 세상이지만 아직 불편한 시대는 아니다. 아니, 역설적으로 보면 성인이라야 겨우 유지할 수 있는 수준 높은 세상이라고도 할 수 있다. 법이 있고, 사람들이 이것을 준수하는 세상은 질서가 잘 유지되어 사람이 살기에 불편하지 않은 이상적인 상태인 것이다.

공자에 따르면, 예란 천리와 지세를 본뜬 것으로서 이 세상에서 하루도 없어서는 안 될 것이며, 이것을 잃는 자는 죽고 얻는 자는 살고 번영한다. 이것은 천리에 근거한 것이므로 귀신을 공경하고 두려워하는 마음을 일으켜 관혼상제는 물론 일상사의 모든 제도적 절차에 이르기까지 천하에 통용되는 것이다. 앞서 말한 성인들은 이것을 궁행하여 사람들이 이에 따르고, 이를 통해 국가를 바르게 할 수 있었던 것이다.

음식을 장만한다든지 사람이 죽을 때, 죽었을 때 취하는 예와 풍습이 있다. 옛날 선왕대에는 아직 동굴에 살고 불이 없어 음식을 날로 먹었다. 그 이후 성인이 나와 불을 발견하여[18] 음식을 익혀 먹고 쇠붙이를 녹여 연장을 만들어 의식주가 풍족하게 되었다. 이로서 제례를 정비하고 문화가 발전하게 되었다. 이런 상태는 단순히 법이 있고 이를 강제로 지키도록 하는 것이 아니라 스스로 그 법을 존중하고 따른다는 것이 전제되어 있음을 알 수 있다.

그런데 그 이후 이러한 예가 무너져 버리게 되었다고 공자는 탄식한다. 공자 당대에 이르러 그나마 예가 유지되던 소강의 세상마저도 사라지고 어두운 나라("유국幽國")의 상태가 되었다. 상례常禮를 무시한 채 왕이 할 수 있는 예를 신하가 하고 왕과 신하의 예가 문란해진 것이다.

---

18) 그리스신화에 의하면 프로메테우스가 인간이 고기를 익혀 먹고 문화적인 생활을 할 수 있도록 하기 위해서 하늘에서 불을 훔쳐왔다고 한다. 중국의 역사시대에 성인이 불을 발견했다고 보는 점에서 차이가 있다.

이런 수준을 넘어서서 왕의 권한을 침범하고 대항하여 기강이 문란해지면 어지러운 세상("난국亂國")이 된다. 천자와 제후, 군신간에 지켜야 할 예를 제도制度라 하는데, 제도가 어지럽혀져 문란한 관계가 조성된다. 군주가 몸을 바로 하여 예를 행해야 하는데, 그것을 어겨 정치가 바르지 못함으로써 군주의 자리마저 위태롭게 된다. 대신은 군주를 배반하여 국정을 농단하고 소신은 국록을 훔쳐 자신의 배를 채운다. 이로써 민심은 국가의 명에 복종하지 않기 때문에 형벌을 강화하게 된다. 그러나 백성은 이에 순종하지 않고 형벌을 피하는 방법만을 강구하게 되어 양심을 져버리게 된다. 기존의 법은 제구실을 할 수 없기 때문에 자주 법을 뜯어고치는 바람에 상도常道가 없어지게 된다.

형벌이 엄하고 풍속이 퇴폐退廢하면 민심이 이반하게 되어 병든 나라("병국病國")가 된다. 소강의 세상은 유국과 난국을 거쳐 결국 병국으로 전락하는 것이다. 이 과정이 필연적인 것인지 여부는 알 수 없으나 어떻든 공자는 이런 과정을 거쳐 당시가 병든 세상이라고 진단한 것이다.(근대철학자 헤겔이 당시를 "우리시대의 병"이라 한탄한 것과 유사하다. 물론 연대기적인 차이는 있다.)

공자가 당시의 세상을 대도가 파괴된 병든 세상이라 진단한 것은 그의 현실인식의 단면을 그대로 드러낸 것이다. 그의 과거지향적인 세계관과 가치관은 어둡고 병든 현실에 대한 비판임과 동시에 새로운 대안을 제시하고자 하는 긍정적인 관점에서 나온 것이라는 점에서 미래지향적인 세계관을 바탕에 깔고 있는 것이기도 하다. 과거에 완벽하게 실현되었던 이상향이 비록 지금은 없어졌으나 미래에는 반드시 다시금 실현되어야 하고 또 그럴 수 있을 것이라는 신념이 깔려 있다고 할 수 있다. 사실 공자는 자신의 이상향을 실현할 방안을 강구하기 위해 일생을 바쳤으며, 따라서 그를 단순히 과거지향적 망상에 젖었던 인물로 평가하는 것은 바람직하지 않다 할 것이다. 그역시 시대의 아픔을 넘어서 새로운 시대를 갈망한 한 사람의 실천가였던 것이다. 따라서 그가 그리던 대동세계는 단순한 허구가 아니라 미래 그 어느 시점에는 반드시 실현되어야 하고 또 그럴 수 있는 구체적인 세상을 염두에 두고 있다 할 것이다. 대동세계는 물질이나 노동과 같은 국가의 외적인 측면이 아니라 주로 내면적 도덕의 상태를 중심으로 그린 이상적인 사회라고 할 수 있다. 유가윤리의 단면을 그대로 드러낸 것으로 여겨진다.

③ 불교의 용화세계

용화龍華란 미륵보살이 그 아래에서 깨달음을 얻었다는 나무를 말한다. 이 나무는 마치 용처럼 가지에서 보배로운 꽃을 수없이 토해낸다고 한다. 미륵불의 새 세상을 용화세계라 하는 것은 바로 여기에서 비롯되었다.[19] 그 꽃과 같이 보배로운, 가

---

19) 정의행 역주, 『미륵6부경』, 서울: 이바지 1998, 63쪽 참고. 이하에서 이 책을

치있는 세상을 말한다.

불교는 만유생명이 인연으로 얽혀 있다는 연기법緣起法과 이로 인하여 끊임 없이 나고 죽기를 반복한다는 육도윤회六道輪廻를 통한 삶의 무상함을 설파하고 만물의 실상을 있는 그대로 뚫어보는 진리를 역설했다. 이러한 불교가 현세에 대한 진단을 통해서 도달한 것은 『월장경月藏經』에 나타난 말법시대다. 특히 현재 우리가 살고 있는 이때는 이 말법시대에서도 그 마지막 시기에 해당한다는 절박한 선언이며, 이 세계가 다하기 전 미륵불이 출세하여 인류를 구원한다는 메시지이다.

불교에서 그려 온 이상적인 세계에는 여러 가지가 있다. 미륵불이 현재 계신다는 도솔천이나 정토, 극락정토, 서방정토, 유리세계 등이 모두 그러한 세계이다. 그런데 이들 세계는 모두 현세나 과거의 세계인 반면, 용화세계는 아직 아니 온 미래의 세계라는 점이 결정적으로 다르다. 그러므로 여기서는 용화세계에 주목하고자 한다. 그러나 이 용화세계에 대해서 알아보기 전에 우선 미륵사상과 미륵불이라는 커다란 주제의 배경이 무엇인지를 간략하게 살펴볼 필요가 있다. 우선 미륵사상이 생겨나게 된 사회적 배경은 무엇인가?

미륵사상을 제창한 석가불 당대인 기원전 6세기경의 인도는 노예제가 유지되던 사회였다. 천민인 노예계급(수드라)은 인간의 기본권이 완전히 박탈당하여 신앙의 자유마저 없었다. 지

주로 참고로 함.

배계급인 브라만은 자신들의 지배를 정당화하고 계급적 불평등을 합리화하기 위하여 브라만교 성전인 『리그베다』를 지어냈다. 이로써 아리안족이 인도에 침입하여 원주민을 정복한 뒤 이들에게 수드라계급이라는 멍에를 씌워 영구히 노예로 만든 것이다.

베다는 신에 대한 찬송, 제가, 축문, 주술 등을 담고 있는데, 인간의 운명은 신에게 달려 있고, 인간은 신에 의해서만 천국에 갈수 있다고 가르쳤다. 그런데 석가는 이러한 교설을 전면 부인했다. 그러한 가르침은 인간의 자주성을 부인하는 처사이기 때문이다. 석가는 인간은 저마다 자신의 주인이므로 자신에게 의지하여 살 것을 가르쳤다. 당시로서는 가히 혁명적 발상이요 진보적 사상이라 할 것이다. 그러면 구체적으로 석가불의 주요 가르침은 무엇인가?

석가불의 가르침은 모든 것은 서로 연관성을 가지고 있으므로 영구불변한 나(개체)란 존재하지 않고, 모든 것은 끊임없이 변화한다는 것이다. 한마디로 연기법緣起法이라 정리할 수 있는 이러한 세계관은 인간이 고립적 존재가 아닌 사회적 존재임을 말해 준

＝미륵, 마이트레아 부다

다. 비단 인간만이 아니라 삼라만상이 다 그러하다는 것이다. 그러므로 사람은 자아와 자아의 소유에 대한 집착을 버리고 자신의 모든 것을 남과 나누어 서로 사랑해야 한다. 이것이 곧 자비慈悲사상의 요체다. 자비란 일방적인 자선이나 동정이 아니라 타인의 아픔을 나의 아픔으로 여기고 타인의 행복을 내 행복으로 여기는 마음이다. 그리고 이러한 자비의 마음을 실천하는 것이 곧 보살행菩薩行이다. 보살이란 삶과 죽음 그리고 윤회를 벗어나 자주적인 삶을 사는 사람이다. 이러한 사상은 신이 세계의 주인으로서 모든 것을 결정한다는 신본주의와 특정 인간계층은 인간이 아니라 노예에 불과하다는 노예사상을 정면으로 부정하는 인본주의요 인간의 자주성을 드높이는 혁신적 사상이다.

그러나 석가불의 이러한 혁신적인 사상은 당시의 노예제를 철폐하고 새로운 사회를 건설하는 데 까지는 이르지 못하였다. 그 이유는 무엇이었을까? 아마도 당시의 제반여건이 성숙하지 못했기 때문일 것이다. 바로 이런 이유로 미륵의 새 시대에 대한 열망이 제기된 것이다. 말하자면 현실에 대한 비판을 중심으로 미래의 비전을 제시하는 대안 마련인 것이다. 그렇다면 미륵이란 과연 누구인가?

미륵불이란 마이트레야maitreya라 불리는 분으로 석가불 다음에 오신다는 미래의 부처님이시다. 그러므로 미륵불은 아직 아니 온 미래의 부처님, 고통으로 억압받는 중생들에게 '반드시 오셔야 할 부처님'(當來佛)으로 인식되어 왔다. 원래 마이트레야는 미트라Mitra라는 신의 이름에서 유래했는데, 이는 기독교의 구세주Mssiahd의 어원이기도 하다는 점에서 불교의 미륵불과 기독교의 메시아가 동일한 인물일 것이라는 추론이 가능하다.[20]

그런데 미륵이 비록 미래할 부처님이기는 하지만 동시에 초기의 불교 경전에 등장하는 실존인물이기도 함을 알아야 한다.(『현우경』, 「신수대장경(권14)」) 그 미륵은 장차 부처님이 되어 수많은 중생에게 이익과 안락을 주리라고 서원하였다. 티베트어 『성미륵발취경』에는 고통받는 사람들의 의지처가 되어 고통을 구원해 주리라는 서원으로 나온다. 또한 『미륵보살소문본원경』에는 미륵이 정토를 실현하고 국토를 지키며, 모든 중생을 청정하게 해 주고 모든 중생을 옹호한다고 되어 있다. 미륵의 서원은 곧 고통받는 중생의 안락과 이익이 보장되는 새로운 세상을 지향한다. 정토는 이러한 서원과 실천의 결합에 의해서 건설된다. 정토, 즉 우리가 여기서 주목하고자 하는 용화세계는 행동과 언어와 의식이라는 삼업의 해방을 위한 인간의 주체적이고 집단적인 활동을 통해 구현된다고 한다.(『화엄경』, 「십지품」) 그렇다면 용화세계란 구체적으로 어떠한 세상인가?

용화세계에 대해서는 주로 『미륵상·하생경』과 『미륵대성불경』에 나와 있다. 『미륵상생경』에 의하면, 미륵불은 도솔천의

20) 안경전, 『이것이 개벽이다(상)』, 214쪽 참고.

천주(하느님)이다. 도솔천은 선업을 지은 자만이 갈 수 있는 최상의 낙원이다. 장차 도솔천의 천주인 미륵불이 지상으로 강세하여 그러한 낙원을 지상에 펼친다고 한다. 『미륵하생경』에 의하면, 미래의 지구에 계두성이 있어 곡식이 풍성하고 백성이 번성하게 된다. 사람들은 질병이 없고 장수하며, 서로 사랑하여 화합할 것이다. 계두성의 상카왕은 나라를 정법으로 다스리는 전륜성왕이다. 그의 아내와 한 대신 사이에 미륵이 태어날 것인데, 그는 이미 도솔천에서 이 땅에 내려와 성불하려고 부모를 통해 태어난 것이다. 태어난 지 몇 해 되지 않아 그는 용화수라는 보리수 아래서 깨달음의 세계에 들어가게 된다.

『미륵대성불경』에는 이런 내용이 『미륵하생경』과 비슷하게 실려 있으나 훨씬 구체적이다. "미륵불의 나라는 깨끗하게 살아가는 이들의 것이다. 그들은 아첨이나 거짓이 없고, 자기 가진 것을 남들과 나누고, 계율을 지키며, 지혜의 완성을 추구하면서도 그것에 집착하지 않을 것이다."[21] 이 나라는 온갖 꽃들이 만발하고 온갖 과일들이 주렁주렁 열리며, 매우 높은 나무가 숲을 이룰 것이다. 고을들은 닭이 날면 닿을 정도로 가깝게 이웃하여 있을 것이다. 인간의 기본적 욕망이 충족되고, 모든 사람이 지혜와 덕을 갖추며, 온갖 질병과 고뇌가 없어져 장수하게 될 것이다. 그들에게 있는 병이란 먹고 마시는 것, 대소변, 늙는 것 등이다.

21) 위의 책, 98~99쪽.

"그 땅은 전쟁이나 약탈, 도둑 걱정이 없이 편안하여, 도시건 시골이건 문 잠그는 사람이 없을 것이다. 또한 수재나 화재, 전쟁, 굶주림이나 독극물의 피해를 입을 걱정도 없을 것이다."[22] 사람들은 서로 공경하고 화합하여 자신의 관능을 잘 통제하게 된다. 연꽃을 비롯한 온갖 꽃이 피어나 그 땅을 뒤덮을 것이며, 바람이 불면 공중에 맴돌며 흩날릴 것이다. 도시와 시골에는 각종 못과 시냇물, 늪이 있으며 거기에는 온갖 아름다운 새들이 노닐 것이다. 온 나라의 산에는 맛좋은 과일과 금빛 향나무가 온 세상에 향기를 뿌릴 것이다. 들판에는 맛좋은 곡식이 영글고 한 번 씨를 뿌리면 일곱 번을 거둘 것이다.

한마디로 이 나라는 먹고 입을 것이 해결되어 힘겨운 노동에서 해방된 풍요로운 세상이다. 또한 환경 문제가 해결되어 온갖 뛰어난 자연환경이 조성되고, 그 위에 사는 사람들은 선행을 하여 분쟁이 없이 서로를 사랑하며, 사람들은 병에 걸리지 않고 장수하게 된다. 나아가서 여성들은 가부장적 사회와 가정이라는 질곡에서 벗어나 자신의 자주성을 자각하고 수행에 들게 된다. 노예처럼 남성의 소유물로 취급되던 신분에서 벗어나 진정한 인간이 된다는 것이다.

미륵의 새 세상은 지상정토地上淨土의 세계이다. 이 땅에 사는 사람은 아집과 소유욕에서 해방되어 육친과 이웃을 서로 사랑한다. 이런 세상이 곧 미륵의 세상이다. 미륵의 세상, 지상정

---

22) 위의 책, 105쪽.

토는 곧 불교적으로 윤색된 지상천국인 것이다. 그러나 그 근본 특징은 외적 환경이나 물질적인 조건, 정신적인 안락 이외에 주로 깨끗한 마음에 잘 나타난다. 불교의 특징인 심법이 주된 관심사로 묘사되는 것이다. 여기에 그려진 이상향은 마음이 깨끗해진 인간들이 살아가는 행복한 곳이다.

끝으로 지적할 것은, 미륵불이 과연 누구인가 하는 것이다. 세간에서 믿고 있듯이, 『현우경』에 바라문교의 지도자인 바바리의 제자 수행승인 미륵이 후일 미륵불로 출세한다고 생각하는 것은 잘못이다. 또 미륵불이 석가불의 제자라는 것도 잘못된 생각이다. 미륵불은 도솔천의 천주님으로서 미래에 인류를 구원하고 지상낙원을 건설할 분이다.

④ 홍수전의 태평천국 운동

동양 고대의 지상천국사상은 그 이후에도 면면이 이어져 내려오지만 근대에 접어들어 이 사상을 대변하는 눈에 확 띄는 돌출한 일대사건이 일어났다. 이 사건은 동양의 역사를 뒤바꿀 수도 있을 정도의 중대한 사건으로 기록될 정도로 엄청난 의미를 가지고 있다. 그것은 곧 태평천국太平天國운동(1851~1864)이다.

▪태평천국 운동을 일으킨 홍수전

근대에 접어들어 아시아를 비롯한 유럽 밖의 여러 나라들에서 특히 눈에 띄는 현상은 외세의 침탈과 이로 인한 정치적 혼란, 그리고 관리의 부패와 민생의 피폐라고 할 수 있다. 중국의 경우, 당시 청국은 이러한 사회, 정치적 혼란에 대해서 미온적이고 무력했다. 더구나 아편전쟁을 전후하여 혼란해진 사회, 정치적 상황과 더불어 특히 농민들의 불만은 눈덩이처럼 커져만 갔다. 과도한 세금징수를 견디지 못한 그들은 유랑길에 올라 도적이되거나 불법적인 단체에 들어가 함께 행동하면서 점차 국가적규모로 확대되어 갔다. 이것은 중국의 주변국인 조선의 말기에 벌어진 사건들과 대동소이한 상황이라고 할 수 있다.

1840년대에 이르러 중국의 광서廣西성은 아편무역으로 인한외국인과의 접촉이 빈번하고 해적들이 점차 내륙으로 침범함으로써 무법천지가 되었다. 그리하여 1851년에는 마침내 태평천국이 일어났다. 태평천국은 과연 혁명인가 아니면 난동인가, 혹은 농민전쟁인가 아니면 농민혁명인가? 이에 대한 설은 구구하지만 아직 이렇다 할 정설은 없다고 할 수 있다. 그만큼 이희대의 사건은 지상천국 운동에서 엄청난 의미를 가지고 있다.

태평천국을 일으킨 홍수전洪秀全은 객가客家[23]의 출신이었으나 그의 집은 비교적 여유가 있어서 과거시험을 치르기 위해공부를 했다. 그는 광주廣州에서 영국인 선교사로부터 『권세양언勸世良言』이라는 책을 구해 읽고는 비로소 기독교에 대해서

---

23) 객가란 타향에서 이주해 온 집을 말한다. 김희영 지음, 『이야기 중국사 3』, 성루: 청아출판사 2009 참고.

관심을 가지게 되었다.

이 책에는 유일한 참된 신은 야훼로서 만물을 풍요롭고 명예롭게 하며, 야훼는 인류의 아버지라고 되어 있다. 홍수전은 이 유일의 창조신을 상제라 했는데, 상제는 중국 전통의 신이지만 기독교 유일신의 속성을 가지고 있었다.[24]

이때는 홍수전의 나이 24세가 되던 1836년이었다. 그는 세 번의 과거에 모두 낙방하자 울분으로 병이 들어 40일간 혼수상태에 빠졌다. 비몽사몽간에 한 노인과 중년의 남자가 나타나 "마귀와 싸워 물리치라."며 '천왕대도군왕전天王大道君王全'이라 새긴 칼을 한 자루 건네주었다. 깨어난 홍수전은 『권세양언』의 내용과 비슷하다고 생각하고 노인은 곧 야훼, 중년의 남자는 예수라고 확신했다. 또한 자신은 야훼의 둘째 아들, 즉 예수의 동생으로서 모세와 예수에 이은 제3의 구세주로서 세상의 악마를 몰아내라는 천명을 받았다고 생각했다. 여기서 악마, 마귀, 요괴 등은 단순히 국가를 찬탈한 오랑캐 만주족이 아니라 일종의 초자연적인 악마의 화신으로 그려지고 있다.[25]

---

24) Hong Beom Rhee, *Asian Millenarianism, An interdisciplinary study of the Taiping and Tonghak rebellions in a global context*, New York: Cambria press 2007, pp. 180. 물론 마테오 리치 신부가 과거 명조기에 들어와 선교를 하면서 지은 『천주실의』의 내용과 겹치는 내용으로서 홍수전이 이 문헌을 참고했는지의 여부는 알 수 없다. 이 책에는 기독교의 신인 천주는 곧 동양의 최고신인 상제와 동일하다는 내용이 전개되어 있다.

25) 존 K. 페어뱅크 편, 김한식 외 옮김, 『캠브리지 중국사 10(상)』, 서울: 새물결 2007, 466쪽 참고.

참으로 웃지 못할 병적인 설정일 수도 있으나 종교의 본질이 무엇인지를 생각한다면 그것을 꼭 정신병의 결과라고만 웃어 넘길 문제는 아닌 것이다. 그러기에는 이 설정이 참으로 엄청난 결과를 가져오기 때문이다.

홍수전의 본명은 홍인곤洪仁坤으로 야훼에게 받은 '전全'을 넣어 홍수전洪秀全이라 했는데, '전'은 '인왕人王'의 파자로서 인간계를 다스리는 왕이라는 뜻을 가지고 있다. 그는 야훼인 상제를 숭배하는 결사라는 뜻의 배상제회拜上帝會를 결성하여 그리스도의 전도를 시작했다.

나중에 태평천국에서 중요한 역할을 하는 풍운산馮雲山, 양수청陽秀淸, 소조귀蕭朝貴, 위창휘韋昌輝, 석달개石達開 등도 입회했다. 이로써 배상제회는 1851년 광서 계평현桂平縣 금전촌金田村에서 태평천국太平天國이라는 이름으로 군사를 일으킨다. 홍수전에게 만주족의 청조는 초자연적인 악마의 화신으로 인식되었다. 거사일에는 관을 이탈한 정부군 수천 명을 비롯해서 1만 명의 병력이 집결했다. 배상제회를 근간으로 하는 태평천국군은 영주안성永州安城을 점령하고, 각종 제도를 정비하여 관직을 수여하는 등 정권으로서의 체제를 갖추어 나가기 시작했다. 홍수전 자신도 태평천왕이 되었으며, 천왕 밑에 다섯 명의 왕을 임명했는데, 동왕은 양수청, 서왕은 소조귀, 남왕은 풍운산, 북왕은 위창휘, 익왕翼王은 석달개였다.

그러나 태평천국군이 이렇게 자리를 잡아가도록 청군은 제대로 대응하지도 못했다. 태평천국군을 토벌하라는 대신을 임명해도 그들이 도중에 죽는 등 모든 일이 불길하게만 여겨지는 사건이 잇달았다. 그래서 교전다운 교전은 제대로 해보지도 못한 채 정부군은 패배에 패배를 거듭했다. 태평군도 물론 패배한 적이 없지 않았으나 잇달아 전주全州, 익양益陽, 무창武昌, 안경安慶, 무호蕪湖를 함락하고 1853년에는 결국 남경南京을 함락했다. 홍수전은 남경을 천경天京이라 하여 태평천국의 수도로 삼았다. 그리고 태평천국 내에서 경작지의 사유를 금하고 국가 소유로서 경작자에게 골고루 나누어주며 수확의 잉여분은 국고에 납입시켜 철저히 개인적인 축재를 허용하지 않았다. 이것은 조선말에 일어난 동학혁명군이 행했던 일을 연상시킨다. 나찌에 협력하는 프랑코총통에 맞서 반기를 든 스페인혁명도 비슷한 구조를 가지고 있다. 아마 세계 보편의 운동과 전개를 보여주는 시대정신이 있지 않았나 할 정도로 유사한 사건들이다.

그런데 여기서 우리가 주목할 것은 태평천국이 지향하는 이상향의 성격이다.[26] 홍수전이 『권세양언』을 읽고 상제를 신봉하게 된 것은 부패하고 사악한 사회와 인간에 대한 불만의 표출이었다. 그는 『원도각세훈原道覺世訓』(15~16)에서 "...천하의

---

26) 홍수전은 기독교의 이상향인 지상낙원을 건설하는 것을 목표로 태평천국운동을 일으켰다고 한다. 조너던 D. 스펜스 지음, 양휘웅 옮김,『신의 아들 홍수전과 태평천국』, 서울: 이산 2008, 14쪽 이하, 312쪽 이하 참고.

가진 자와 못 가진 자가 서로 돕고, 환난을 당하면 서로 구하며, 문을 닫지 않고 길에 물건이 떨어져 있어도 주워가지 않았으며... 이를 대동이라 한다. 그런데 지금은 어떠한가?"라 하여 현실에 대한 불만에서 이상세계의 출현을 희구했음을 명시한다. 이러한 비판적 시각에서 구세의 방법을 모색했던 것이다.

홍수전이 쓴 『원도구세가原道救世歌』, 『원도성세훈原道醒世訓』은 공평하고 정직한 세상을 만들기 위한 기본 전제와 그러한 이상적인 세상의 구조를 제시한다. 그는 사람들이 모두 상제의 자녀이므로 상제를 숭배해야 하며, 천하의 남녀는 모두 형제자매라 하였다. 그는 『권세양언』의 내용에서 군신과 부자가 모두 자신의 도를 다하여 태평의 복을 영원히 누리게 되어 밤에도 대문을 닫지 않고 길에 물건이 떨어져 있어도 줍지 않는 청평호세계淸平好世界가 올 것이라는 대목에 끌렸는데, 청평호

→ 태평천국 군대의 진로
● 난징 조약에 의한 개항장(1842)
■ 태평천국 군대의 점령 지역(1851~1864)

■태평천국의 세력범위를 나타낸 개념도

세계가 곧 대동사회와 같은 것이라고 이해하였다. 두 세계는 같은 것이며 상제를 숭배하는 사회라고 생각했다.[27]

태평천국의 이상사회 형태는「천조전무제도天朝田畝制度」에 잘 나타나 있는데, 이에 따르면 25가구가 단위가 되어 인구수에 비례하게 토지가 분배되었다. 또한 생산물은 상제의 소유물로서 국가가 잠시 맡아 관리하며, 따라서 사유는 엄격히 금지되었다. 이렇듯 태평천국 운동은 사회혁명의 성격을 강하게 띄는데, 경제적 경쟁이 철저히 금지되고 또 가정은 특별한 지위를 잃는 대신 국가가 합법성과 강력한 권력을 갖게 된다.[28] 이러한 일종의 국가지상주의적 경향은 후일 히틀러나 스탈린, 그리고 일본제국의 형태에서 보듯이 독재를 합법화하기 위한 좋은 재료가 될 소지를 다분히 가지고 있었다. 사실 이런 문제로 태평천국은 후일 심각한 내분에 휩싸여 운동이 실패로 돌아가는 결정적 원인을 제공하게 된다.

홍수전은 공자로 대표되는 대동의 사상, 즉 모든 대립과 투쟁의 근원이 사私에 있으므로 사를 부정하고 공公, 즉 상호부조를 절대적인 가치로 인식하는 사상을 인간사회의 본래 모습이라 여겼다.[29] 홍수전은 이 모든 것을 결국 지고의 신인 상제 아래서 모두가 형제이기 때문에 세계는 일가가 되어야 한다고

27) 최진규 저,『태평천국의 종교사상』, 광주: 조선대학교출판부 2002, 72쪽 참고.
28) 존 K. 페어뱅크 편, 김한식 외 옮김, 위의 책, 470~80쪽 참고.
29) 최진규, 위의 책, 75쪽 참고.

주장한다.[30]

그런데 홍수전이 의존한 『권세양언』은 첫째, 청왕조가 왕조 순환상의 최저점에 이르렀다고 주장하고 둘째, 천국과 지상의 왕국을 혼동하고 있다. 즉 구세주가 지상의 위기 상황과 함께 몇 번이라도 나타날 수 있다고 보고 있다. 그러므로 홍수전은 자신이 구세주라는 주장을 논리적으로 정당시하게 된 것이다.

마지막으로 태평천국의 성격을 구명해 볼 필요가 있다. 태평천국의 성과와 의의가 과연 무엇인지를 제대로 구명하기란 현재로서는 쉽지 않다. 그것은 민족, 정치, 종교 혁명인지 아니면 농민전쟁인지, 아니면 반봉건 계급투쟁인지 분명하지 않다. 『아시아의 이상주의(천년왕국설)』의 저자인 이홍범은 태평천국을 "중국역사상 최대의 이상주의의 봉기"(서론)라고 주장했다.

결론적으로 우리는 태평천국을 일종의 지상천국 운동이라고 본다. 그것은 혁명의 성격을 지니고 있었고, 전쟁이라는 수단을 이용했으며, 강한 종교적 성격을 띄고 있었다. 그것은 중국 전통의 대동세계와 유사성을 가지면서도 불교와 도교의 요소도 가지고 있었는가 하면 기독교적 요소도 강했다고 할 수 있다. 태평천국의 성격에 대한 견해가 구구하고 그에 관한 논쟁이 끝나지 않았다는 것은 태평천국운동이 그만큼 다양한 요인과 의의를 가지고 있었으며 그 연구가치가 높다는 것을 말해 준다.

---

30) 『캠브리지 중국사』, 468쪽.

2. 서양

① 플라톤의 이상국가

체계적이고 본격적인 유토피아사상은 뭐니뭐니 해도 플라톤의 『폴리테이아』[31]에 잘 그려져 있다. 이 작품은 표면상으로는 지혜, 용기, 절제, 정의 등의 덕을 형이상학적으로 분석하지만 궁극적인 관심사는 결국 인간이 어떤 상태에서 최고의 행복을 누릴 수 있는가 하는 문제다.

이 저서에 의하면, 우리가 살고 있는 세계(현상계phainomenon)는 참된 세계(본질계nomenon, ousia)의 모방이요 그림자에 지나지 않는다. 우리가 살고 있는 "현상계"의 원상原象인 "본질계"를 "이데아"라 하는데, 이는 "eidos(형상, 모습)", "idein(보다)"이라는 뜻을 동시에 가진다. 이것은 원래 시각視覺이라는 감각을 전제로 한다. 그런데 시각을 가능하게 하는 것이 곧 빛이다. 이렇게 하여 플라톤의 이른 바 이데아설은 빛의 이론과 깊은 연관성을 가진다.

플라톤은 이데아설을 효과적으로 설명하기 위하여 동굴에 갇힌 죄수의 세계와 태양이 빛나는 세계를 대비시켜 설명한다.("동굴의 비유", "태양의 비유" 514a) 플라톤은 이를 위해 이런 비유를 한다. 태어날 때부터 동굴에 갇혀서, 그것도 의자에 붙들어 매여서 고개도 돌리지 못하고 전방의 벽만을 응시해야

---

31) 플라톤 저, 송재범 역주, 『국가』, 서울: 풀빛 2005 참고.

하는 죄수가 있다. 그의 등 뒤에는 나지막한 벽이 있고 그 뒤에는 횃불이 있으며, 다시 그 뒤로 간수들이 돌아다닌다. 죄수는 간수나 다른 사람들 및 동물들이 다니는 그림자가 벽에 나타난 것을 보고 그것이 사실의 세계라고 믿는다. 그는 철저히 습관과 상식의 세계에 매몰되어버린 것이다. 따라서 그는 동굴의 밖에 태양의 찬란한 빛 아래 펼쳐지는 사실의 세계가 있다는 설명을 해주어도 그것을 결코 믿으려 하지 않을 것이다. 플라톤이 말하는 이데아의 세계가 우리가 살고 있는 감각적 세계보다 더 실재적으로 존재하는 진리의 세계라고 설명을 해도 일반인들은 결코 믿으려 들지 않을 것이라는 사실과 마찬가지이다.

플라톤에 의하면, 죄수가 사실이라고 믿고 있는 그림자는 시공적인 사실의 세계에 바탕을 두며, 사실의 세계는 이데아의 세계에, 그것은 다시 절대적인 이데아(선의 이데아, 이데아의 이데아)의 세계에 바탕을 두고 있다. 즉 선의 이데아가 맨 위에 있고, 그 다음으로 이데아들, 시공계, 그림자의 세계가 있다. 여기서 말하는 그림자의 세계는 구체적으로는 예술의 영역과도 일치한다. 예술이란 사실 세계의 그림자(모방)에 지나지 않는, 허구의 세계이기 때문이다. 그런데 이데아, 시공계, 그림자의 세계는 모두 선의 이데아(절대자, 스스로 만족하는 자)를 전제(휘포테시스)로 하지만 선의 이데아는 그 어떤 것도 전제하지 않고 스스로 존재한다.

그러면 이데아란 과연 무엇인가? 이데아란 본질계의 영원불변의 존재로서 신적인 것to theion이라고 한다. 그런데 인간의 영혼 역시도 이데아를 닮은 신적인 것이다. 영혼은 본래 이러한 이데아의 세계에 살고 있었는데, 육신과 결합하여 이 세계에 태어나게 되었으므로 이데아의 세계와 우리가 살고 있는 이 세계의 중간 위치에서 이데아를 회상하고 그리워하게 된다. 그러므로 영혼은 이데아의 세계를 그리워하는 사랑eros을 품게 된다.

영혼은 크게 이데아를 향하는 부분과 비유非有의 세계, 즉 우리가 사는 사실적인 세계를 향하는 두 부분으로 이루어져 있다. 이데아를 향하는 부분이 이성nous이고, 비유를 향하는 부분 가운데 상부는 의지, 하부는 욕망이다. 이성이 본분을 다할 때 지혜sophia[32], 의지가 본분을 다할 때 용기andria, 욕망이 직분을 다할 때 절제sophrosyne의 덕이 성립한다. 또한 이 세 가지 덕이 조화를 이룰 때 정의dikaiosyne라는 덕이 성립한다.

▪ 플라톤

플라톤은 인간이 국가 안에서 삶으로써 비로소 이상적인 도덕 생활을 실현할 수 있다고 보았다. 그는

---

32) 그리스인들은 이러한 지혜에 대한 사랑을 곧 철학이라고 생각했다. 서양철학의 근본정신은 보통 여기서 출발하는 것으로 본다.

당시의 그리스를 국민의 도덕이 땅에 떨어지고 국운이 쇠했다고 진단하고 국가론을 저술하여 장차 지상에 이상국가(일종의 천국)를 건설하려는 큰 뜻을 품었다.

국가의 목적은 그 구성원인 개인이 유복한 생활을 하는 데 있으며, 따라서 국가는 대규모의 인간과 같은 것이다.[33] 그러므로 마치 인간의 영혼이 세 부분으로 나누어지듯이, 국가 역시도 세 계급으로 이루어져 있다. 영혼에서 이성에 해당하는 통치자, 의지에 상응하는 수호자, 욕망에 속하는 생산자가 그것이다. 통치자는 국가의 최고 권력자로서 국가를 총체적으로 다스리고, 수호자는 문무관리 및 군인으로서 국가의 안위를 수호하며, 생산자는 농업과 상업, 수공업 등 생산에 종사하여 생활에 필요한 물품을 공급한다. 통치자의 덕은 지혜, 수호자의 덕은 용기, 생산자의 덕은 절제, 그리고 국민 전체의 덕은 정의에 있다. 말하자면 정의란 따로 있는 것이 아니라 국민 개개인이 맡은 바 소임을 완수할 때 국가 전체적으로 이루어지는 덕인 셈이다.

---

33) 후일 근대의 홉스Th. Hobbes는 국가를 수많은 개인들이 모여서 이루어진 거대한 괴물인 '리바이어던'과 같은 존재라 하였다. 그는 실제로 『리바이어던』이라는 저서를 통해서 이러한 사상을 철학적, 사회과학적으로 입증하고자 하였다. 그에 따르면 국가는 일종의 필요악으로서 개인의 권리를 박탈하는 면이 있지만 인간의 이기적 욕망("인간은 인간의 늑대")을 억누르고 행복한 삶이 가능해지기 위해서는 반드시 전제군주가 다스리는 국가가 필요하다고 역설했다. 그러나 이 작품에 대한 규명은 아직 제대로 이루어지지 않았다고 할 수 있을 정도로 난해하고, 따라서 연구의 가치가 높다고 할 수 있다.

그런데 국가가 이러한 소임을 완수하느냐 그렇지 않느냐의 최종 문제는 통치자의 자질에 달려 있다. 통치자는 사태 전체를 관망하고 이를 진리에 비추어 볼 수 있는 지혜를 갖추고 있어야 하기 때문이다. 따라서 플라톤은 통치자가 지혜를 갖춘 철학자이거나 아니면 철학을 터득하여 그러한 자질을 갖추지 않으면 안 될 것으로 본다. 만일 그렇지 못하면 국가에 불행이 그치지 않을 것이라고 한다. 이점은 오늘의 정치 현실에 비추어보면 잘 이해가 된다. 현명한 통치자와 어리석은 통치자가 어떤 결과를 국민에게 가져왔는지, 가져오는지를 살펴보기만 하면 금방 알 수 있다.

플라톤이 폴리테이아에서 그리고 있는 궁극적인 것은 정의가 실현되고 재산을 공유하는 완전사회이다. 궁극적으로는 지상에 가장 이상적인(선한) 국가가 성립될 수 있고, 또 그래야 한다는 주장을 체계화하고 있는 것이다.

그런데 흥미로운 것은, 플라톤은 이러한 이상적인(선한) 국가agathe polis가 단지 자신이 고안해 낸 상상의 나라가 아니라 지상에 엄연히 실재했었다는 사실을 『티마이오스』에서 상세하게 전개한다는 점이다. 그것은 바로 9천년 전에 바다 속으로 침몰한 아틀란티스 섬이다. 『크리티아스』에는 이 섬에 대해서 더 상세히 언급되어 있다. 이에 따르면 이 섬은 지중해에 있는 커다란 섬으로서 지중해 연안의 모든 나라를 지배할 정

도로 강한 국가였다고 한다.[34)]

플라톤이 전개한 국가론은 말하자면 지상천국의 구성 원리를 철학적, 사회사상적으로 상세히 전개한 것이라고 할 수 있다. 그것은 당시의 그리스사회의 전반적인 상황을 진단하고 분석한 바탕에서 이루어진 실질적인 사회사상의 전개였다. 본질계를 직관할 수 있는 고도의 예지능력을 가졌던 역사상 최고의 지성인의 한 사람이었던 플라톤은 지상천국이 실제로 존재했으며, 우리 인류는 앞으로 그러한 이상향을 다시 건설해야 한다는 것을 철학적으로 설득력있게 전개했던 것이다. 동양 유교의 대동세계 사상을 연상케 하는 플라톤의 국가론은

▪플라톤이 이상향으로 묘사한 아틀란티스 대륙 상상도

---

34) 근대 경험론의 시조인 베이컨은 『뉴 아틀란티스』라는 작품을 지었지만, 사실 아틀란티스는 전설을 넘어서 유토피아로 자리매김되고 있다. 마노 다카야 지음, 임희선 옮김, 위의 책, 151~171쪽 참고.

사실 단지 사회사상만으로서가 아니라 철학적으로 대단히 가치가 높은 고전으로 여겨진다. 이러한 그의 선구자적 사상은 이후의 서양사상에 절대적인 영향을 미쳤다.

② 기독교의 천국관: 천년왕국, 에덴동산

기독교의 천국관

18세기의 고고학자들은 고대 근동의 민족들을 싸잡아 셈족 Semitic이라 불렀는데, 그들은 우주를 3층 구조로 이루어진 집이라 보았다. 신들이 거주하는 최상층은 천국이고, 인간이 머무는 지상은 중간층이며, 귀신과 죽은자 혹은 열등한 신이 사는 지하(음부, 저승)는 최하층인 것이다. 인간은 상하 두 층의 영향을 받기 때문에 결국 신에게 의존할 수밖에 없는 연약한 존재로 그려진다.[35]

그런 이유로 인간은 신들에게 제사를 드리게 되는데, 대개 두 종류가 있다. 그 하나는 하늘의 신에게 제사를 드리는 공적인 제사 의식이다. 이것은 사제가 왕을 대신해서 민족 전체의 대표로서 하늘에 드리는 제사 의식이다. 다른 하나는 정치적 공동체가 아닌 자신의 조상만을 숭배하는 사적인 제사 의식이다.

---

35) 콜린 맥다넬 외 지음, 고진옥 옮김, 『천국의 역사 I』, 서울: 도서출판 동연 1998, 30쪽 참고. 이런 것을 층사상이라 하는데, 서양사상사에 끈질기게 나타나는 위계질서의 모델이다.

셈족 문화에서는 대체로 죽은 자들이 사는 음부가 있으며, 그곳에서는 조상과 자손이 함께 산다는 사실을 인정하며, 그들을 일반적으로 신god이라 부른다. 그들은 평소의 신체적 형상이나 기억을 그대로 가지고 있으며, 지상에서 일어나는 모든 일을 알고 있는 인격적 존재로 여겨진다.

이후 이스라엘 왕국이 성립한 이후 비로소 야훼신을 유일신으로 모시고 제사하는 것 이외의 모든 세사 행위는 금지된다.[36] 「욥기」는 이러한 경향의 일환으로 죽은 자의 역할이나 의미를 부정하며, 그 결과 조상과 후손의 교류는 중단되고 두 세계는 엄격하게 분리된다. 바빌로니아의 대서사시 『길가메시』에서도 음부를 죽은 자들이 빛을 빼앗기고 먼지나 흙의 상태로 살고 있는 곳으로 묘사했다.[37] 그러나 죽음은 사람을 세상적인 비참함과 고난에서 벗어나게 함으로써 사회적 불평등의 문제를 일부 해결하는 긍정적인 역할을 하기도 한다. 그러나 성서 외경 중의 하나인 「집회서Ecclesiasticus」에서는 죽은 자들이 야훼와 더 이상 교통할 수 없는 단절 상태라고 가르쳤다. 인간은 살아 있을 때만 주님을 찬양할 수 있다는 것이다. 이로

---

36) 위의 책, 36쪽 참고.
37) 김욱동 지음, 「길가메시」, 『우리가 정말 알아야 할 서양 고전』, 서울: 현암사 2004, 11~20쪽 참고. 길가메시는 "친구를 사랑하고 친구와 사별한, 그리고 그를 다시 살려 낼 힘이 없다는 사실을 깨달은 한 사나이에 관한 옛이야기"라는 구절로 시작한다. 길가메시는 '인간이란 왜 죽어야만 하는가? 영생이란 없는 것일까?'란 문제를 풀려 한다.

써 세계관은 획일화되고, 유일신론적 색채를 강하게 띄기 시작한다.

기원전 586년 유대국은 최종적으로 국권을 상실하고 바빌로니아에게 귀속된다. 그러나 유대인들은 야훼 하느님이 이스라엘을 해방시키고, 죽은 자들도 부활시켜 새로운 공동체에서 살게 될 것이라 믿었다. 말하자면 육체적인 부활을 믿은 것이다. 육체적 부활은 페르시아의 조로아스터(기원전 1,400년경)의 가르침 속에 처음으로 등장한다. 그는 사람이 죽으면 그 영혼만 살아남아 심판을 받아서 천국이나 지옥으로 가게 된다고 했다. 그러나 영혼은 육체 없이는 행복할 수 없으며 결국 천국이나 낙원에서 육체와 영혼이 결합해야 한다고 했다. 육체의 부활이라는 이 사상을 받아들인 사람은 에스켈Ezekiel이다. 그는 보편적이고 우주적인 페르시아의 부활 개념을 민족적인 관점으로 전화시켜, 부활을 새로운 유대 공동체에 적용시키게 된다.

헬레니즘시대의 필론Philo(BC 20~AD 45년경)은 기독교의 전통 사상과 플라톤철학을 종합하여 영혼이 이 세상에 태어나기 전의 상태로 되돌아가는 것을 죽음이라고 보았다. 플라톤의 영향을 받은 철학자들은 대체로 영혼이 천상에 거하는 최상의 존재라고 보았다.

기독교는 1세기경에 출현하여 내세관에서 유대교의 영향을 많이 받았다. 천국에 관한 새로운 상像을 제시한 사람은 예수지만, 그것을 더 발전시킨 것은 바울과 「계시록」의 저자인 요한이다. 이전의 유대인들이 천국을 새로운 유대국의 재건이나 의로운 사람에 대한 보상으로 생각한 데 반해서 신약에서는 그런 의미가 완전히 사라지고 신의 약속으로서 기독교인이 신성을 체험하는 곳이라는 의미로 전용된다. 예수의 언행을 기록한 복음서에는 부활을 믿지 않은 사두개파, 이 땅 위에 행복하고 풍요로운 사회가 건설될 것을 기대하는 묵시론자, 그리고 예수의 천국관이 잘 드러나 있다. 예수가 말하는 천국에서는 부활한 사람들이 천사와 같이 남녀의 성이 없어지고, 더 이상 육체를 갖지 않아 육욕을 느끼지 않는다. 그는 사후의 삶이 영적이며 영원한 것이라고 하였다. 또한 천국은 가난한 자들의 것이며 부자들은 지옥으로 간다고 말한다.[38]

바울은 유대인의 묵시론적 내세관에서 메시아사상을 예수 그리스도의 재림으로 설명했다. 그리고 이 때 부활할 사람들도 유대인이 아닌 그리스도인이었다. 또 부활하기 위해서 사람들은 낡은 육체를 벗어버리는 절차, 즉 죽음을 필요로 했다. 그러면 하느님은 죽은 자들의 영혼을 새로운 육신에 옮겨 새로운 삶을 살도록 했다고 믿었다. 다시 말해서 바울이 말하는 부활은 결코 사람이 죽기 전에 입고 있던 그 육신이 부활한다는 뜻은 아니었다.

영혼은 인간의 정신이라기 보다는 성령에 의해서 붙잡힌 새로운 인간 내면 존재를 말한다. 인간은 성령의 힘에 의해서 변

---

38) 위의 책, 65~80쪽 참고.

화하여 더 이상 세속적이고 물질적인 욕망들의 지배를 받지 않게 된다. 악이란 육체flesh 혹은 육신body이 행하는 일들이고, 선이란 영혼이 짓는 결과물이다. 성령은 인간을 선으로 인도한다. 바울은 성령의 지배를 받는 삶을 영원한 것으로 보았다. 그리고 천국에서는 혈족이 아닌 영적 공동체가 중요하고, 천국이란 육체적인 것이 모두 소멸하는 것을 뜻한다.[39]

요한의 「계시록」은 하느님이 로마제국으로 대표되는 사탄과의 투쟁에서 기독교인과 어떤 관련이 있는지를 주로 다루었다. 요한은 결국 하느님이 이방국가를 멸망시키고 영원한 새 질서를 확립할 것이라 주장했다.

「계시록」은 요한이 천국의 예배의식에 참석하는 장면과 영원한 새 예루살렘에서 행해지는 예배의식이라는 두 환상으로 되어 있다. 요한은 천사의 목소리에 이끌려 천국의 예배의식에 참석하게 되는데, 큰 방에는 하느님의 보좌가 있고 거기에는 인간의 모습을 한 하느님이 앉아 있었다. 하느님은 눈부신 광채로 인하여 제대로 쳐다볼 수 없었다. 하느님에게서 나오는 무지개빛 광채와 수많은 보석에서 나오는 광채, 그리고 "거룩하다, 거룩하다, 거룩하다. 주 하느님 곧 전능하신 이여. 전에도 계셨고, 이제도 계시고 장차 오실 자라!"라는 천사들의 노래 소리가 울려 퍼졌다. 보좌 양쪽에는 작은 보좌가 각각 12개가 있었고, 거기에는 흰 옷에 금빛 면류관을 쓴 장로 24

---

39) 위의 책, 80~89쪽 참고.

명이 있었다. 요한이 기록한 환상은 거의 대부분이 유대교의 전통에 근거한 것이다. 그러나 구약의 선지자들이 기록한 것과의 결정적인 차이점은 있다. 그것은 전통적 환상에서는 하느님의 주위에 천사를 비롯한 영물들만이 있었지만 요한의 환상에는 사람들도 함께 있었다는 점이다. 말하자면 요한은 천국을 좀 더 인간적인 의미로 해석하고 있다는 것이다.[40]

「계시록」의 대부분은 인간 역사의 종말을 그리고 있는데, 이는 곧 로마제국과 악한 천사나 사탄의 멸망으로 표현된다. 이에 따라 암흑의 세력은 빛의 세력에 의해서 멸망당하며, 하느님은 직접 통치할 왕국을 세우신다고 한다. 요한은 하느님의 왕국이 건립되는 과정을 두 단계로 본다. 첫째는 천사가 사탄과 그 추종자들을 지하 감옥에 가두어 이 세상에 위해를 가하지 못하도록 한다. 그리고 재림 예수와 부활한 순교자들이 다스리는 인간 역사가 천 년 간 계속된다. 그 후 사탄의 세력은 마지막 공격을 가해 와 도시를 포위할 것이지만 하늘에서 불이 내려와 사탄은 유황불에 던져져 영원히 고통받게 될 것이다. 둘째는 죽은 자들이 모두 부활하여 하느님의 심판을 받게 되는 바, 생명책에 기록되지 않은 사람들은 모두 불못으로 던져지게 될 것이고, 이름이 기록된 사람들은 새 땅에서 영원한 삶을 누리게 된다.[41] 바로 여기서 세상을 떠들썩하게 하고, 지

---

40) 위의 책, 90~93쪽 참고.
41) 위의 책, 95~97쪽 참고.

금 현재도 진행형인, 이른 바 천년왕국설millenarianism이 발원하게 된다. 이에 대해서는 뒤에서 더 상세히 다루도록 한다.

예수와 바울, 그리고 요한으로 대표되는 신약적 내세관은 사두개인이나 바리새인 등의 구약적 내세관과 확연히 다르다. 그 특징의 첫째는 하느님 중심주의이다. 둘째는 가족과 관련된 평범한 생활을 거부한다. 예수는 남녀가 모두 하느님의 자녀가 되어 천사와 같아질 것이라고 했다. 바울 역시도 천국 사람들은 그리스도와 함께 하는 존재가 될 것이라고 했다. 여기서 그리스도란 곧 하느님과 같은 의미인데, 그것은 바울이 그리스도와 하느님을 동등한 의미로 사용하고 있기 때문이다. 또한 신약의 천국관은 당시 기독교인들의 현실을 그대로 반영하고 있는 바, 핍박과 죄로 가득한 이 세상이 사라지듯이, 인간의 육신도 곧 죽을 수밖에 없다. 하느님은 유일한 신이며, 영적 존재이기 때문에 인간은 천국에 가서 그러한 존재로 살아가게 된다.[42]

기독교 천국관의 커다란 흐름은 구약 선지자들의 천국관을 대폭 수정하는 방향으로 전개된 것이다. 다신교적 의미의 조상에 대한 제사 의식을 허용하던 관례를 버리고 오직 유일신 하느님만을 제사하고 모시는, 그리하여 하느님의 신성을 받아들이며 살기 위해서 사람은 죽어 육신을 버리고 다시 천국에 태어난다는 것이다. 그리스의 사상, 특히 플라톤의 영향으로

----

42) 위의 책, 100~102쪽 참고.

보이는 이데아 사상이 기독교적으로 재해석되어 천국관에 그대로 반영된 것이다. 즉 참된 것은 육신이 아니라 영혼(즉 이데아적 존재)이며, 천국은 하느님의 신성이 가득한 곳이므로 죄많은 육신은 소멸되고 영혼만이 천국에 가게 된다는 것이다. 따라서 육신에서만 의미를 가지는 남녀의 성이나 세속적인 가정과 사회 생활은 더 이상 지속되지 않는다.

기독교 천국관의 결론은 유일신관의 강화와 다신론적 풍부성의 상실, 그리고 인간 역사의 종말과 새로운 역사의 시작이다. 단, 이 부분에서 해석의 여지가 생긴다. 즉 인간 역사가 이 땅에서 전개된다는 것, 그리고 죽은 자들이 모두 심판받아 선한 자는 천국으로 가고 악한 자는 지옥으로 간다는 것이다. 한마디로 서양에서 지금껏 추구해 온 유토피아가 지상에 세워진다는 것이다.

이에 덧붙여 기독교 천국관의 핵심을 이루는 아버지 하느님에 대한 기독교의 결론을 살펴볼 필요가 있다. 초기 성서에 나타나는 신은 다신이며, 인간적인 모습을 하고 있었다. 여기서 유대족의 조상으로 받들어지는 아브라함은 고향인 갈데아 우르 지방을 떠나 유대지역인 가나안에 정착한다. 그런데 당시 갈데아 우르 지방은 다신론을 바탕으로 한 수메르 문화가 지배하고 있었기 때문에 자연스럽게 아브라함은 다신관을 가나안에 퍼트리게 되어 초기 성서에 다신의 여러 모습들이 등장하게 된다.

한편 이집트에서 노예 생활을 하던 유대족의 지도자인 모세는 흩어진 민족의 힘을 한데로 뭉치도록 하기 위해서 전쟁의 신 야훼와 계약을 통해 강력한 유일신 신앙을 선포하기에 이른다. 이로써 기독교에서 다신관의 전통은 점차 빛을 잃게 된다. 특히 중세의 삼위일체 논쟁을 거치면서 유일신 사상은 더욱 강하게 고착된다.

삼위일체 사상은 우여곡절을 거치지만 성부, 성자, 성령의 세 위가 본질적으로 한 분으로 귀결되며, 다만 현실적으로 드러날 때는 서로 다른 세 위로 역사한다는 결론으로 요약된다. 유일신 사상에서는 이 가운데서 유독 성부를 절대시하여 인격신의 의미를 퇴색시키고 그 원신元神적 요소만을 부각시킨 것이다. 이 사상은 아직도 통속적으로 맹위를 떨치고 있는 것이 사실이다. 그런데 실은 기독교 자체 안에도 인격신의 모습은 엄연히 존재한다. 요한이 기록한 「계시록」에는 인간의 얼굴을 하고 천상 옥좌에 앉아 계신 아버지 하느님이 잘 그려져 있다. 또한 「요한복음」에는 예수가 자신을 지상에 보낸 아버지 하느님을 증거한 내용이 잘 나타나 있다.

예수는 자신을 곧잘 "사람의 아들"(「마태복음」26:64)이라 나타내곤 했는데, 이는 그가 분명 육신을 가진 사람으로 왔다는 점에서 특이할 것은 없다. 그러나 그는 자신을 "그 '사람의 아들'"("the 'son of man'")이라 지칭함으로써 자신이 신적 존재, 즉 하느님의 아들임을 암시한다. 그는 하느님의 아들로서 이 땅 위에서 하느님의 구원의 계획을 실현시키는 자임을 드러낸 것이다.[43] 즉 그는 자신이 그냥 사람의 아들이 아니라 하느님의 아들이라는 분명한 자각을 하고 있었던 것이다.

또한 예수가 인간의 몸으로 지상에 온 하느님의 아들이라면 그를 지상으로 내려 보낸 아버지는 전능한 하느님이기 때문에 당연히 인간의 몸으로 지상에 친히 강세하지 못할 이유가 없다. 더구나 요한의 「계시록」에는 아버지 하느님이 직접 "나는 ... 이제도 있고 전에도 있었고 장차 올 자요."라 하여 아버지 하느님의 지상 강세를 분명히 하고 있다. 이로써 아버지 하느님이 직접 지상에 인간으로 강세하여 지상천국을 건설한다는 사실이 분명하게 예고되어 있는 것이다. 이것이 이른바 천년왕국설로 기독교 구원론에서 엄청난 논쟁을 불러일으킨 주제이다.[44] 여기서 과연 하느님의 역사가 이 땅에서 전개된다는 천년왕국이 무엇인가 하는 것을 더 상세히 알아볼 필요가 있다.

천년왕국

기독교 천국관에서 열쇠가 되는 개념 중에 결정적 중요성을 가지는 것이 이른 바 천년왕국설이다. 이 설의 직접적 근거는

---

43) 김세윤 지음, 홍성희 외 옮김, 『"그 '사람의 아들'"-하나님의 아들』, 서울(도서출판 엠마오) 2002, 68~69쪽 참고.

44) 안경전, 『개벽 실제상황』, 266~271쪽 참고; 안경전, 『이것이 개벽이다(상)』, 224~232쪽 참고.

「요한계시록」이지만, 이 설이 풍미하기 시작한 이후 더욱 다양한 근거와 해석이 제시되었다. 원래 천년왕국이란 요한계시록에 나오는 "천년"이라는 말을 현세와 내세 사이에 과도적인 중간 시대가 있어 그리스도를 중심으로 천 년간 이상적인 통치가 이루어지는 나라를 뜻한다고 보는 데서 비롯되었다.

천년왕국설은 구약에도 근거를 두고 있다. 이사야 65:18-25; 에스겔 37:24; 다니엘 2:44; 스가랴 8:12 등에는 이러한 천년왕국과 유사한 이상향이 예언되어 있다. 이 예언들에 근거하여 이후의 유대인들은 그리스도가 재림하여 지구상에 새 왕국을 세울 것인데, 그때는 유대민족이 최고의 위치에 서게 되며, 이 왕국은 영원히 계속될 것이라 보았다. 그러나 차츰 시간이 경과함에 따라 그들은 이 생각을 수정하여 이 세상은 근본적으로 악한 세상이기 때문에 이 세상에는 하나님의 나라가 임할 수 없으며, 그리스도는 이 세상에 와서 천년이라는 제한된 기간에 이 세상을 통치할 것이고 그 후에는 새 하늘, 새 땅에서 하나님의 영원한 통치가 있을 것이라고 했다. 물론 여기서 그리스도는 예수를 뜻하는 것이 아니다. 즉 유대인들은 이제 제한된 그리스도 통치를 생각하게 되었고, 그 통치는 의가 승리하는 기간이요, 영적·물질적으로 축복의 기간이 될 것이라고 믿었다.

천년왕국설은 역사적으로 다양한 해석을 낳았다. 그 차이는 주로 관점의 차이와 해석 방법의 차이에 기인한다. 크게는 무천년설, 전천년설, 후천년설로 나뉜다.

먼저 무천년설Amillennialism은 문자적 천년을 부정하고 상징적 또는 영적으로 해석하는 입장이다. 즉 천년을 그리스도의 초림으로부터 재림 사이의 전체 기간을 상징한 것으로 본다. 실제적인 천년왕국을 부인하고 이것을 상징적 또는 우화적인 것으로 간주한다.

오리겐Origen은 최초로 무천년설을 주장했는데, 천년을 신약시대로 보았으며, 아우구스티누스는 천년왕국이 복음시대를 의미한다고 보았고, 그리스도의 통치란 교회가 세속 도시를 영적으로 지배하는 것이라고 했다. 캘빈J.Calvin도 이 견해를 지지했으며, 렌스키Lenski, 카이퍼A.Kuyper도 같은 견해를 견지한다.

이 견해는 종말에 세상이 극도로 타락한다는 점과 하나님을 대적하는 세력이 등장한다고 주장한 점에서 전천년설과, 천년이 그리스도 재림 전이라고 보는 점에서는 후천년설과 일치한다.

후천년설Postmillennialism은 천년왕국이 그리스도의 재림보다 앞선다고 본다. 천년이 넘는 긴 세월 동안 전 세계에 복음이 전파되어 이 세상은 낙원이 되고 천년왕국이 이 땅 위에 건설된다는 것이다. 즉 그리스도의 재림 이전에 인류의 대부분이 복음을 받아들여 복음이 세상을 지배하게 된다고 본다. 마태복음(28:18)에 언급된 복음 전파를 위해 그리스도가 하늘과 땅의 모든 권세를 다 받았다는 점과 인간 역사 속에 메시야 시대가 올 것이라는 구약성경의 많은 예언들(사 2:2-4; 단 2:44)을 그 근거로 삼는다. 천년 왕국이 성령의 초자연적 역사로 실현되거나 아니면 복음 전파가 점차적으로 확산되어 마침내 실현될 것이라고 본다.

전천년설Premillennialism은 그리스도가 천년왕국 이전에 재림한다고 주장한다. 초대 교회에서는 이 설을 정통 교리로 받아들였다. 대환란을 기준으로 삼아 대환란전 재림론(세대주의적 전천년설)과 대환란후 재림론(역사적 전천년설)으로 나누어진다. 전자는 그리스도가 공중에 비밀리에 재림하고 그때 신자들은 휴거되어 공중에서 7년간 혼인 잔치를 하며, 그 동안 지상에 남아 있는 유대인들과 불신자는 7년 대환란을 통과하고, 이

━천년왕국설에 의하면, 하늘의 군대가 사탄의 군대를 멸망시킨다.

환난을 통해 유대인들은 대규모로 회개할 것이라고 주장한다. 이 7년이 끝나면 그리스도는 성도들과 함께 지상에 재림하여 천년왕국을 건설한다. 후자에 의하면, 그리스도는 천년왕국 전에 지상에 한번 재림하고 공중과 지상에 두 번 재림하지는 않는다.

이 밖에도 여러 복잡한 설과 이에 따른 실제적 사상운동, 사회운동이 전개되었다. 그 내용을 여기서 상론하기에는 번잡하므로 논외로 한다. 그렇다면 이러한 천년왕국설은 왜 생겨난 것일까? 사람들은 살아가면서 복잡하고 해결하기 어려운 일에 봉착하거나 괴로운 일이 생기면 이런 문제를 해결해 주거나 그러한 문제가 일어나지 않을 천국("하느님의 나라", "하느님의 왕국", "하늘나라")을 동경하게 된다. 천년왕국도 바로 이러한

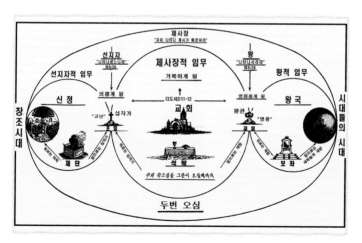

━ 천년왕국을 설명하는 도표

문맥에서 제기된 설이다. 성경에서 신구약을 합쳐 하느님의 나라라는 용어가 450번 이상 등장한다고 한다. 먼저, 창세기에서 하느님은 자신의 형상대로 인간을 지은 다음 모든 피조물을 정복하고 다스리라고 하였다. 또한 계시록에는 "저희가 세세토록 왕노릇하리로다."(계 22:5)고 되어 있다. 성경 전체를 관통하는 것은 하느님이 지상에 자신의 왕국을 건설하려는 목적을 가지고 있다는 사실이다.[45)

예수의 제자들은 천년왕국설과 예수의 재림, 최후의 심판에 대하여 커다란 관심을 가지게 되었다. 공관복음서에는 예수의 재림이 도적같이 임할 것이며, 하느님의 진노로 현재의 세계는 파괴될 것이고, 최후의 심판의 결과 알곡과 쭉정이가 구별되고 성도와 적그리스도가 구별되어 각각 상벌을 받게 되리라고 전한다. 그러나 공관복음서나 요한복음 어디에도 성도들이 그리스도와 함께 지상에서 천년 동안 왕노릇한다는 내용은 없다. 그러나 요한계시록(20:1~5)에는 천년이라는 말이 세 번이나 나온다. 또한 사탄이 천년간 묶여 있는 동안 그리스도와 그의 성도들이 처음 부활 후에 통치하게 된다. 천년 후 사탄이 잠시 풀려나게 되면 다시 성도들을 박해하므로 영원히 타오르는 불못에 던져진다.(계 21:9~21:8) 그 후 사람들이 부활하여 대심판을 받고 새 하늘과 새 땅이 열리게 된다.

요한계시록(20:1~6)에 나타난 천년왕국설은 그 교리적 내용

---

45) 위의 책, 309쪽 참고.

보다 훨씬 넓은 의미를 가지고 있다. 그것은 한마디로 구원에 관한 것이다. 그 핵심은 구원이 지상의 왕국에서 이루어지고, 현재의 세계가 완전히 파괴된 후 그 위에 완전한 사회가 건설되며, 이러한 일은 인간의 노력에 의한 것이 아니라 하느님의 사역에 의한 것이라는 사실이다.[46] 사실 현재의 기독교는 더 이상 요한계시록에 의존하지는 않는 것으로 보인다. 그러나 요한계시록 없이 기독교 신앙의 요체를 이해하기는 힘든 일이며, 천년왕국설의 여러 가지 영향이 없었다면 오늘날의 기독교는 지금과는 다른 모습이었을 것이다. 더욱이 요한의 계시도 문자 그대로가 아니라 일종의 비유로 재해석되어야 한다. 상징이나 비유를 문자 그대로 이해하는 데서 오는 난감함과 어불성설을 보면 이 사실은 이해가 될 수 있다.[47]

천년왕국설은 계속해서 역사적, 사회적 문맥 속에서 재해석될 필요가 있다고 본다. 그것은 어떻든 가장 직접적으로 지상 천국의 모습을 담고 있으며, 그런 한에서 인류가 그려 온 이상향의 모습과 의의를 알 수 있도록 하는 중요한 근거가 된다. 더욱이 기독교 사상이 서양과 세계 사상에 미친 영향을 고려한다면 더욱 그러하다. 또한 지상천국사상이 경전 속에, 그것도 미래의 시점에서 전개된다는 점에서 커다란 의의가 있다 할 것이다.

---

46) 위의 책, 335~6쪽 참고.
47) 유진웨버 지음, 김희정 옮김, 『종말의 역사』, 예문 1999, 61쪽 참고.

에덴동산

영국의 자아초월심리학자인 스티브 테일러는 인류의 고질적인 병폐와 그 원인을 파헤치는 과정에서 기원전 약 4천년을 기점으로 인류의 자아가 비약적으로 발전한 사건에 주목한다.[48] 그는 이것을 타락 혹은 자아폭발이라 부른다.[49] 그는 이에 대한 좋은 예를 두 가지로 든다.

첫째는 인간 타락에 관한 이란 신화로 최초의 인간인 이마가 "낙원Paira-daeza"에서 어떻게 살았는지를 생생하게 묘사한다. 이마와 살던 사람들은 더위도, 추위도 질병도 몰랐으며,

－벤첼 페테르, 에덴 동산의 아담과 하와

48) 스티브 테일러 지음, 우태영 옮김, 『자아폭발』, 서울: 다른세상 2011, 45쪽 참고.
49) 원어는 "The Fall"인데, 그 번역을 타락 혹은 자아폭발로 한 것이다. 타락과 자아폭발은 전혀 다른 말이지만 그 의미상으로 볼 때는 동일하다고 본 것이다.

아버지와 아들이 모두 소년으로 보일 정도로 앳띄었다. 한마디로 무병장수한 것이다. 그러나 이 완벽한 시대는 아이리야나 바에조라는 악이 간섭하여 갑자기 종말을 고한다. 낙원은 척박해졌고, 눈과 얼음으로 뒤덮였다.

둘째로 잘 알려진 기독교 구약의 에덴동산 역시 이란의 신화에서처럼 강과 아름다운 생명나무를 가지고 있었다. '에덴 eden'이라는 말은 페르시아어 '헤덴Heden'에서 파생한 히브리어로 환희의 동산, 태고의 정원이라는 뜻을 가지고 있으며, 수메르어의 황무지, 평지를 뜻하는 '에디누edinu'(평지, 황무지)에서 유래한다고 한다.[50]

야훼신은 에덴의 동산을 만든 다음 자신이 손수 창조한 최초의 사람인 아담과 이브를 그곳에 살게 하였다. "야훼하느님께서 동쪽에 있는 에덴이라는 곳에 동산을 마련하시고 당신께서 빚어 만드신 사람을 그리로 데려다가 살게 하셨다."(『창세기』2:8) 아무튼 최초의 인간인 아담과 이브는 이 동산에서 화합하여 잘 살았다.[51] 이 동산은 "인간이 편안하게 살아가기 위한 조건들이 모두 갖추어져 있는 곳"[52]이다. 그러나 뱀의 유혹

---

50) 마노 다카야 지음, 임희선 옮김, 『낙원』, 서울: 늘녘 2001, 27쪽 침고.

51) 천년왕국설이 미래의 시점을 중심으로 전개된 지상천국론이라면 에덴동산은 과거의 시점에 이미 존재한 지상천국론이다. 두 시점 간에는 어떤 연관성이 있는지를 연구하는 것은 매우 흥미있는 작업일 것이다. 말하자면 기독교의 경전은 두 시점을 동시에 취하고 있다는 것인데, 물론 신약과 구약 사이의 차이점을 감안한다 하더라도 그러하다.

52) 마노 다카야 지음, 임희선 옮김, 『낙원』, 26쪽 참고.

으로 선악을 알게 하는 열매를 먹은 후로는 낙원에서 추방된다. 그 이후 세상에는 질병과 죽음이 생기고 인간은 노동의 고통을 감수하며 여자는 남편의 지배를 받게 되었다.

비록 구약의 신화가 환경적 요인의 급격한 변화를 직접 말하지는 않는다 하더라도 실은 환경변화로 인한 것이라고 스티브 테일러는 주장한다.[53] 이것은 무엇을 말하는가?

테일러가 말하고자 하는 것은 결국은 인간의 타락이 환경재앙으로 인한 것이며, 그 이전에는 지구가 보편적으로 인간이 행복하게 살 수 있는 낙원의 상태였다는 사실이다. 이란의 신화와 구약의 에덴 신화는 단지 그러한 낙원에 대한 상징적 혹은 비유적 예에 불과하다는 것이다.

구약에서 타락은 선악을 알게 하는 것, 즉 인간의 인식에 관련된다. 이러한 인식의 전환은 사람이 스스로를 관찰하고 반성함으로써 자신의 내면에서 새로운 자기인식이 발전되고 있음을 알게 되는 사건인 것이다.[54]

이렇게 보면 에덴동산이라는 낙원 상태는 테일러가 말하는 자아폭발 이후 범지구적으로 조성된 타락상에 대한 심리적 반동으로 형성된 이상향이라고 할 수 있다. 즉 구약에 나오는 에덴동산은 실제 그러한 곳이 있었다기보다는 현실의 불만으로 나타난 이데올로기라는 것이다. 또 설령 그러한 곳이 실제로

53) 위의 책, 146쪽 참고.
54) 위의 책, 150쪽 참고.

있었다고 하더라도 그것은 단순한 외면이고 그 내면의 메시지는 전혀 다르다는 것이다. 다시 말하면 에덴동산은 인류의 타락상을 폭로하는 일종의 신화로서 읽어야 한다는 것이다. 물론 그 밑바닥에는 타락 이전에는 에덴동산에 못지 않은 이상향이 오랫동안, 즉 기원전 4천년 이전까지 지속되었다는 생각이 깔려 있다.

실제로 그리스, 로마 신화들은 고대에 황금의 종족이 살았던 "황금시대"가 있었다고 말한다. 이 이야기는 헤시오도스라는 그리스의 시인이 기원전 8백년 경에 기록한 것이지만 오늘날에는 거의 대부분 역사적 사실이었음이 속속 드러나고 있는 실정이다. 헤시오도스에 의하면, 이 시대에 올림포스의 신들은 죽지 않는 황금족을 만들었고, 이들은 신들처럼 부족함 없이 편안하고 평화롭게 살았다. 그러나 그 이후로 현재의 철의 시대에 이르기까지 인간의 본성은 점점 더 탁락했다고 한다.[55]

여기서 반드시 짚고 넘어가야 할 것은 이러한 변화가 인간의 선택에 의한 것이 아니라는 사실이다. 즉 인간으로서는 불가항력적인 어떤 힘, 즉 환경변화가 인간의 생각과 삶을 변화시켰다는 사실이다. 테일러는 이것을 오늘날의 사하라사막과 유라시아를 포함하는 광대한 지역, 즉 "사하라시아"가 서서히 사막으로 변해갔다는 가설을 통해 설명한다. 그곳에 거주하는 사람들은 자아폭발로 인하여 그 정신의 본질적 변화를 겪게

---

55) 우태영 옮김, 스티브 테일러 지음, 『자아폭발』, 147쪽 참고.

된다. 그 변화는 구체적으로 어떠한 것이었을까?

첫째, 그들은 급격한 환경의 변화로 인하여 새로운 난관에 봉착했으며, 이를 타개하기 위한 새로운 지능과 실용적이고 창의적인 문제 해결 능력을 필요로 하게 되었다. 살아남기 위해서는 제기된 난관을 반드시 타개하지 않으면 안 되었다. 예컨대 사막화로 농업 생산량이 감소하자 이를 만회하기 위한 새로운 관개 농법이나 사냥법, 작물 개량 등의 방법을 강구해야만 했다. 또 약탈자들로부터 식량을 지키기 위한 방비 수단이나 방법을 개발해야 한다. 그들은 더 깊이, 논리적으로 생각하고 추론하며, 있을 수도 있는 가상 상황을 설정하여 이에 대응해야만 한다. 이로 인하여 자아는 환경과 분리되고 개인적이고 추상적인 경향을 띠게 되었다.

둘째, 급격한 환경의 변화는 인간의 삶을 총체적으로 위협하여 어떻게든 자기를 지키려는 일념으로 인하여 결국 이기심이라는 정신의 밑바탕이 형성되었다. 자기와 자기 집단을 지키기 위한 최후의 수단은 결국 타인과 타집단에 대한 물리적 힘을 행사하는 것, 즉 폭력이었다.

셋째, 이전의 사람들에게 자연은 인자한 어머니였으나 사하라시아인들에게는 싸움과 정복의 대상에 불과했다. 저 역사학자 토인비의 "도전과 응전"이라는 개념도 이런 관점에서 재해석할 수 있을 것이다. 이처럼 황폐해진 환경, 인간의 적으로 떠오른 자연은 개인과 공동체, 몸과 마음, 인간과 자연의 분리를 촉진하는 역할을 했다.

결국 인간의 자아 폭발은 자아의 인식 능력의 확대를 가져왔고, 그것은 극도의 이기심을 바탕으로 한 것이었으며, 결과적으로 자아와 타자, 개인과 공동체, 인간과 자연의 급속한 분리를 가져왔다. 그리하여 인간은 하느님으로부터 내쳐져 낙원으로부터 추방당했다고 기독교 구약은 상징적으로 설명하는 것이다. 인간은 고된 노동을 하지 않으면 안 되었고, 서로를 불신하는 신세로 전락하였다.

사하라시아에서는 농경 생활에 의지해서 살아갔는데, 환경의 재앙으로 인하여 유목민이 발생하고 이로 인하여 상호간에 다툼이 일었던 것이다. "자아폭발은 인류 역사상 가장 중대한 사건이었다."[56] 오늘날 목도하는 거의 모든 정신적 병리 현상들, 즉 전쟁이나 가부장제, 계급분화와 물질주의, 욕망과 성적억압, 환경파괴와 내면적 불안과 불화 등은 모두 이 자아폭발의 부산물인 것이다.

그러나 중요한 것은 환경파괴로 인하여 무너진 에덴동산이아주 없어져 버리지는 않는다는 사실이다. 테일러는 지금까지 역사를 지배해 온 광기에서 서서히 벗어나는 진화의 과정이 진행된다고 본다. 그리하여 과거의 결핍과 분리의 인식에서 벗어나 새로운 건전함의 시대로 나아간다는 것이다. 아마도 자아의타락에 대한 반동이 생겨난 것으로 볼 수 있을 것이다.

---

56) 위의 책, 172쪽 참고.

실제로 인간성을 회복하는 흐름이 나타나기 시작했다. 첫째는 "제1차 물결"이라고 하는 커다란 흐름이다. 기원전 1,000년 초반기부터 부나 권력, 활동, 오락, 유흥 등 정신적 불화에서 도피하려는 경향, 즉 분리된 자아인식을 극복("초월")하려는 경향이 대두되었다. 인도에서는 새로운 삶의 방식을 추구했으며, 그것이 문서화된 것이 『우파니샤드』이다. 그 세계관은 자아와 세상, 사물과 현상의 분리와 이원성이 환상에 지나지 않으며, 진실은 우주 안에 브라만(영혼)이 있다고 보는 것이다. 반면에 아트만은 인간의 자의식인데, 브라만과 아트만은 하나이다. 한마디로 개인 의식은 곧 우주 의식이라는 것이다. 불교와 자이나교, 중국의 도교와 그리스의 플라톤철학도 분리와 이원성을 벗어나는 타락의 초월을 시도한 사건에 속한다.

둘째가 "제2차의 물결"이라는 흐름이다. 18세기 후반부터는 타인의 심리적 공간에 참여하여 그들의 고통과 아픔을 느낄 수 있는 동정심이 범사회적으로 확산되기 시작했다. 동정심이란 자아 고립을 초월하는 것이며, 이러한 제2의 물결은 제1의 물결에 비해 인류적 차원의 대중 운동이기 때문에 결과가 더 확연하다. 현대적 민주주의의 등장과 남녀차별의 철폐, 동물의 권리, 사형 반대, 체벌 반대 등의 운동이 범세계적으로 일어나고 있으며, 이러한 진화는 계속 확산되고 있다.

오늘날 인류는 지난 6,000년간 정신질환을 겪고 나서 이제 최종적으로 정상적인 정신을 얻게 될 것이지만 이것은 단순히 옛날로 돌아가는 것이 아니라 전혀 새로운 상태로 전진해 가는 것이다. 자아 분리를 초월한다는 것은 타락의 긍정적인 측면을 희생시키지 않고도 가능하다. 즉 타락의 초월이란 타락하지 않은 정신과 타락한 정신의 긍정적인 측면을 조합한 것이다.

자아 분리를 초월하게 되면 전쟁, 남성의 지배, 불평등, 다른 생물이나 자연에 대한 지배가 없어진다. 그리하여 신선한 시각과 의식 있는 지각을 통해 세상을 아름답고 의미 있는 곳으로 볼 것이다. 인간, 자연, 우주는 더 이상 분리되지 않을 것이며, 인간이 만들어 온 광기는 사라질 것이다.

에덴동산은 이러한 점진적인 낙원의 회복을 말하는 것으로 볼 수 있다. 즉 단순히 인간이 타락하여 낙원을 상실했다는 실망에 대한 표현으로 다하여지는 것은 아니라는 것이다. 낙원을 회복해야 한다는 메시지가 바탕에 깔린 의도적인 신화라는 것이다. 그렇다면 이것이야말로 진정한 지상천국이 아닐까. 지상천국이란 이처럼 인간의 힘으로 이루어가는 인류의 이상향인 것이다. 그것은 멀리 있는 것이 아니라 바로 우리들에 의해서 조만간 회복될 수 있는 것이다.

③ 모어의 유토피아

플라톤 이후 최대의 그리고 본격적인 유토피아 사상을 전개한 사람은 모어Th.More(1428~1535)이다. 플라톤의 폴리테이아

이후 약 2,000년간 침묵하던 유토피아 사상이 모어의 『유토피아(1516)』를 통해서 세상에 본격적으로 분출되기 시작한 것이다. 유토피아 사상은 중세의 종교적 억압에 숨죽이고 있다가 사회, 정치, 경제, 도덕적 불안의 분위기를 타고 화려하게 부활한 것이다. 교회의 권위가 자유로운 사상과 삶을 억압했다고 해서 그것으로써 유토피아 사상이 완전히 없어지지는 않았던 것이다.

그러나 중세의 교회가 인간을 억압하기만 한 것은 아니다. 교회는 마음 속 깊이 유토피아를 동경하는 사람들에게 천국의 도래를 약속했던 것이다. 그러므로 기독교인들은 진실하고 경건한 신앙과 필연적으로 도래할 천국에 대한 확고한 희망을 품고 나날을 살았다고 할 수 있다. 이런 사람들에게 별도로 유토피아 사상이 필요하지 않을지도 모른다. 어쩌면 미지의 시점에 도래할 천국보다는 절대적 신앙과 천국에 대한 희망을 품고 살았을 하루하루가 일종의 천국이었을지도 모른다.

뒤이은 르네상스의 휴머니즘이 대두되면서 중세의 봉건사회가 붕괴되기 시작했다. 동시에 유토피아를 동경하는 인간의 불안은 고조되었고, 에덴동산처럼 미리 준비되고 예고된 유토피아가 아니라 인간 자신의 힘

━토마스 모어

으로 창조하는 유토피아를 그리게 되었다. 말하자면 마음 속의 유토피아가 아닌 현실의 유토피아를 추구한 것이다. 바로 모어의 유토피아 사상을 효시로 캄파넬라의 『태양의 나라』, 베이컨의 『뉴 아틀란티스』, 마르크스의 『자본론』, 에른스트 블로흐의 『희망의 원리』를 거쳐 헉슬리의 『멋진 신세계』에 나타나는 우울한 디스토피아에 이르기까지 무수한 유토피아 사상이 등장하게 된다. 그러나 우리는 제한된 지면상 이 모든 사상을 살펴볼 수는 없고, 단지 그 대표격으로 모어의 사상과 그 의의, 그리고 그 이후의 영향을 개략적으로 살피는 선에서 만족하기로 한다.

모어의 『유토피아(1516)』는 제1권과 제2권으로 되어 있는데, 제1권은 영국의 현실에 대한 심층적 분석과 비판을, 제2권은 그에 대한 대안으로서 유토피아 사상을 전개한다.

제1권은 영국의 산업혁명 초기에 형성되기 시작한 사회적 혼란, 즉 전통적 생산방식의 몰락으로 농촌이 붕괴되고 실업자가 속출하는 등 위기의 상황을 예리하게 비판한다. "소수의 탐욕스러운 사람들이 영국의 가장 중요한 자연적 이점 중의 하나를 국가적 재난으로 바꾸어 놓았습니다. 식량 값이 비싸져 고용자는 다수의 하인을 해고하였으며, 해고된 자들은 어쩔 수 없이 걸인이나 도둑이 되었습니다. ...사태를 악화시킨 것은 이 비참한 빈곤에 따르는 가장 부조리하고 사치스러운 취미였습니다."[57] 라파엘은 그 대안으로 사유 재산의 폐지를 주장하지만 그렇다고 공산주의를 적극적으로 주장하지는 않는다. 그것은 이윤 추구의 동기가 없으면 게을러지며, 이로 인해 살인 등 극단적인 사회악이 발생하기 때문이다. 또한 주인공인 라파엘은 뛰어난 학식과 경륜에도 불구하고 정치에 뛰어들지 않는다. 그의 태도는 확실히 오늘날의 현실로 볼 때 정치가들에게 경종을 울릴 만한 모범적 태도라고 할 수 있다.

제2권에서는 본격적으로 유토피아라는 섬에 대해서 말한다. 모어는 라파엘Raphael이라는 주인공의 입을 빌려 유토피아에 대해서 속속들이 전하고 있다. 라파엘은 남미 본토를 발견했다고 알려지는 아메리고 베스풋치와 신세계를 여행한다. 저자인 모어가 라파엘과 대화한 이야기를 전하는 식으로 전개되는 이 책은 라파엘이 여행한 유토피아라는 공화국에 대해서 다각도로 서술한다. 특히 구세계인 유럽의 제도를 개혁하기 위한 모델로 신세계인 유토피아를 소개하고 있음을 주목할 필요가 있다.

초생달 모양의 이 섬은 원래는 반도였는데, 유토포스라는 인물이 정복하여 15마일에 이르는 육지를 파내어 섬으로 만든 것이라고 한다. 이 섬에는 언어와 관습, 법률 등이 같은 54개의 계획도시가 있으며, 도시와 시골이 따로 있기는 하지만 서로 번갈아 가며 살고 또 번갈아 가며 경작을 하기 때문에 사유

---

57) 토마스 모어 지음, 황문수 옮김, 『유토피아』, 서울: 범우사 1997, 48쪽.

재산이 없다.[58]

시에는 시포그란투스라는 공무원들로 구성된 트라니보루스라는 시회의에서 시장 선거나 여러 가지 분쟁을 해결한다. 주민은 농업이나 임업, 목축업, 공업 등에 종사하며, 시포그란투스는 주민 모두가 열심히 일할 수 있는 환경을 조성하는 일을한다. 또 주민이 노동만이 아니라 휴식과 여가 선용은 물론 학문 연마에도 힘을 기울일 수 있는 환경을 조성한다.

인구는 전체적으로 통제되며, 그것이 달성되지 않으면 해외 식민지도 건설할 수 있으며 이를 통해서 노예도 유입할 수 있

━『유토피아』 원본에 있는 지도

58) 위의 책, 93쪽 참고.

다. 이 과정에서 전쟁이 발발할 수도 있다.

주민들은 사유재산이 없기 때문에 허영과 사치의 여지가 없다. 예컨대 금은과 같은 귀금속은 가치 없는 곳에 사용하여 그것을 사용하는 것을 부끄럽게 여기도록 유도한다.

유토피아인들은 인간의 행복이 덕과 쾌락에 있다고 믿으며, 덕이란 자신의 이익만이 아니라 사회의 이익을 고려하는 것이라 본다. 쾌락에는 정신적 쾌락과 육체적 쾌락이 있다고 본다. 정신적 쾌락이란 진리를 관조하는 데서 오는 만족감이 대표적이다. 육체적 쾌락이란 신체의 여러 기관을 충족시켜 주는 데서 오는 충족감과 건강한 상태를 유지하는 데서 오는 만족감이다.

라파엘이 말하는 이 국가는 덕이 존중되고 만인이 부자로 사는 나라이다. 정치는 민주적이고, 신앙의 자유가 보장되며 국민은 바른 도덕심을 가지고 있다. 여기서 특히 주목을 끄는 것은 공유제도, 통치자의 선거 형태와 절차, 신앙과 도덕, 전쟁의 문제 등이다. 통치자의 선거는 직접선거에 의하며, 국가 전복의 음모를 꾀하지 않는 한 종신이다. 신앙은 자연종교와 일치하는 바가 많으나 신앙의 자유가 보장된다. 그것은 인간성의 왜곡과 타락을 막기 위한 것으로 풀이된다.

모어의 유토피아가 갖는 가장 본질적인 면모는 도덕의 문제에 있다. 이것은 유토피아라는 이상향이 이기적이지 않은, 이상적이고 도덕적인 인간을 전제로 한다는 점에서 당연한 논리적인 귀결이다. 여기에 나타난 모어의 사상은 에피쿠로스의 정신적인 쾌락주의, 스토아학파의 현실도피적인 윤리관의 색채가 매우 농후하며, 그 중심에는 모어 나름의 기독교 사상이 자리하고 있다.

이 가운데서도 화폐가 없는 경제제도, 재산의 공유제, 꼭 필요한 것만을 생산하여 불필요한 노동을 배제하고 인간의 자유로운 활동을 최대한 보장하는 제도 등은 오늘날의 시각에서도 매우 흥미롭고 보편적이다. 그러나 이러한 공유제도는 마르크스의 공산주의와는 근본적으로 다르다. 유토피아가 중시하는 것은 사유재산제의 폐지나 재산의 국가 소유화, 생산물의 국가 관리 등이기도 하지만 그보다는 종교와 도덕에 그 강조점이 있다는 점에서 그러하다.

모어의 유토피아는 근본적으로 기존의 사회 제도와 정치 행태, 지배와 갈등을 배제하기 위한 비판과 미래의 보다 나은 사회를 건설하기 위한 이상 사회의 형태를 제시하기 위한 것이다. 즉 비판과 대안 제시라는 이중적인 구조로 이루어져 있다. 따라서 자칫 빠지기 쉬운 비현실성과 비합리성을 넘어설 수 있도록 하는 힘이 바로 이러한 현재에 대한 예리한 비판과 미래의 희망을 위한 대안 제시에 있는 것이다. 현실에 대한 예리한 진단과 비판, 그리고 이를 넘어서기 위한 대안 제시는 모든 사회사상이 거의 공통으로 가지는 구조이다. 그 가운데 어느 한 요소를 결여할 경우 그 사상은 대안 없는 공허한 원칙론이

되거나 아니면 현실을 무시한 허황한 환상만을 그리는 기형물이 되고 말 것이다. 그러므로 모어의 유토피아사상은 공허한 환상이나 대안 없는 비판에 머물지 않고 미래의 희망을 갈구하여 오늘을 값있게 살고자 하는 모든 이의 친구인 것이다. 지상낙원이란 인류의 염원은 바로 그 가운데 있는 것이다. 확실히 모어의 유토피아는 비교적 합리적이고 구체적인 근대적 현실을 바탕으로 전개된 사회사상인 것이다. 영국의 경험주의 전통과 진보적인 사회사상이 근간이 되고 있다고 할 것이다.

④ 마르크스의 이상적 공산사회

이상사회 혹은 지상천국 건설의 열망은 토머스 모어 이래 꾸준히 계속되어 근대의 이성주의와 과학주의를 낳았다. 이성과 과학을 전제로 하여 건설될 수 있는 대표적인 사회 형태를 제시한 것은 근대철학과 독일 이상주의의 완성자인 헤겔이다.

■마르크스와 엥겔스

헤겔은 사적인(이기적인) 이성을 근거로 형성된 근대 시민사회를 "욕망의 체계System des Bedürfnisses"라 하여 극단적인 부정적 시각을 견지한다. 각 개인은 자신의 욕망을 만족시키기 위해서 타인을 침해하지는 않지만 그 성과와 영향을 이용하며, 자신의 이익이 침해될 경우에는 그것을 복원할 수 있는 법을 추구한다. 그러나 이 법은 어디까지나 자신의 사적인 관심을 충족시키기 위한 것이지 진리로서의 법 자체는 아니다. 그러므로 헤겔은 근대의 법을 "추상적인 법"이라고 한다.

근대인의 욕망의 체계를 유지하기 위한 추상적인 법을 바탕으로 한 근대 시민사회die bürgerliche Gesellschaft는 이기적 욕망을 근거로 한 것이기 때문에 메마르고 삭막한 사회, 인간이 기계와 다른 인간으로부터 소외된 비정상적인 사회 형태이다. 헤겔은 이에 대한 비판을 근거로 이기적 관계가 아닌 이타적 형태의 사회 조직체를 국가Staat라 한다.

여기서 헤겔이 말하는 국가란 근대의 일반적인 국가 형태를 넘어서 있는, 일종의 이상국가이다. 반면에 실제로 존재했던 근대의 국가를 헤겔은 국가가 아닌 '시민사회'로 특징짓는다. 일찍이 플라톤이 계급과 신분이 일사분란하게 고정되어 있는 이상국가를 추구했으나 헤겔은 국가의 구성원 중 다수가 부자유한 그런 고대의 국가 형태가 아니라 근대에 들어 신장된 개인의 자유를 어느 정도 보장하는 형태의 새로운 국가 형태를 제시한다. 그가 제시하는 국가는 일종의 인륜체로서 이기주의가 아닌 이타주의를 근간으로 하며, 책임과 의무를 중시하는 도덕국가다.

이러한 헤겔의 국가론을 야심차게 비판한 것은 마르크스와 엥겔스다. 마르크스는 이미 청년시절 인류 역사의 의미가 무엇인가 하는 문제에 골몰하다가 그 해답을 헤겔에서 발견했다. 마르크스가 보기에 헤겔은 역사의 내적 관계와 그로 인한 필연적 발전 과정을 과학적으로(혹은 학문적으로) 증명하려고 했다는 점에 그 긍정적인 측면이 있다. 그러나 관념론자인 헤겔은 모든 역사적 사건이 절대이념의 전개에서 비롯한다고 보았다. 그 모순점은 헤겔이 봉건주의의 속박에서 벗어나려고 하지만 결국 당시의 정치 세력에 대한 두려움 때문에 프로이센의 군주 및 봉건 귀족과 타협하게 된다는 데 있다고 마르크스는 본다.[59]

마르크스와 엥겔스가 말하는 "과학적 사회주의"의 토대이면서 동시에 서양 정치철학의 고전인 『자본론Das Kapital: Kritik der politischen Ökonomie(1867~1894)』은 적어도 표면적으로는 영국의 고전경제학과 영국 사회에 대한 비판이 주를 이룬다. 그러나 그 이면에는 역사 발전 단계들의 변증법적 발전, 역사에 대한 물질주의적 이론, 자본주의에 대한 경제학적, 도덕적 비판, 자본주의의 붕괴 예언, 혁명을 위한 행동의 촉구, 공산주의의 도래 등의 내용이 포함되어 있다.[60] 이 저서의 지적인 중심축은 자본주의 경제에서 계급착취 현상이 어떻게 일어나는지를

59) 하인리히 켐코브 지음, 김대웅 옮김, 『맑스, 엥겔스 평전』, 서울: 시아출판사 2003, 56~57쪽 참고.
60) 트리스트럼 헌트 지음, 이광일 옮김, 『엥겔스 평전』, 서울:글항아리 2010, 392 참고.

다루는 잉여가치설이다.

　노동자는 노동력을 자신이 생산한 상품의 교환 가치보다 낮은 가격으로 팔아야 하므로 자본가는 더욱 부유해지고 노동하는 점점 더 자신의 노동과 인간성으로부터 소외될 수밖에 없다. 노동자는 자신의 노동을 자본가의 이윤으로 착취당하므로, 이러한 착취형 생산양식은 부당한 것이다. 이것을 자각한 프롤레타리아가 이러한 부당한 생산양식을 깨부수게 된다는 것이 마르크스의 주장이다.[61] 자본가들은 노동자를 파편적인 인간으로 만들고 기계의 부속품으로 전락시켰으며, 노동의 매력을 혐오스러운 고역으로 만들었다는 것이다.

　이러한 마르크스와 엥겔스의 비판을 다시 비판한 것은 뒤링 O. Dühring이다. 그는 그들의 중앙집권주의와 경제결정론을 비판했다. 이에 대한 반론으로 1878년에 출간된 『반뒤링론』은 마르크스와 엥겔스의 자본주의 비판과 새로운 이상사회 구상의 출발점이 된다. 이 책은 헤겔의 관념론과 포이어바흐의 물질주의적 인간학, 마르크스의 물질주의를 다루며, 그럴 때 마르크스주의는 헤겔 관념론을 물질적 현실로 대체했다고 주장한다. 엥겔스는 마르크스가 헤겔의 논리학에서 성취한 발견의 껍질을 벗겨내고 변증법을 올바른 사고 양식으로 발전시켰다고 평한다. 마르크스는 『자본론』후기에서 헤겔의 변증법에

---

61) 트리스트럼 헌트 지음, 이광일 옮김, 『엥겔스 평전』, 서울: 글항아리 2010, 393쪽 참고.

는 신비화가 섞여 있지만 변증법의 보편적 형식을 제시한 것은 분명하며, 다만 헤겔의 변증법은 거꾸로 서있을 뿐이라 하여 헤겔의 변증법 자체의 의의는 대체로 인정하고 있다.

헤겔에서 출발하는 사회비판을 그 이후 전개된 유토피아적 사회주의를 거쳐 자신들의 과학적 사회주의에 이르기까지의 과정으로 정리한 것이 엥겔스가 쓴 『유토피아에서 과학으로 발전하는 사회주의Die Entwicklung des Sozialismus von der Utopie zur Wissenschaft』이다. 이 책은 1882년 별개의 소책자로 출간되었으며, 나중에 마르크스와 엥겔스의 전집(1973)에 실렸다.[62]

이 저작은 우선 세 사람의 위대한 유토피아 사상가인 생시몽C.H.de R.Saint-Simon(1760~1825), 푸리에F.M.C.Fourier (1772~1837), 오웬R.Owen(1771~1858)의 순수한 환상과 유토피아적인 꿈을 분석한다.

생시몽은 기업주를 봉건 특권계급인 귀족과 지주에 대항하여 노동자와 공통된 이해관계를 가지는 존재로 파악했다. 특권이란 분명 잘못된 것이며, 특권이 허용될 경우 사회는 비생산적으로 된다. 만일 특권계급이 붕괴되면 기술자와 행정가는 봉사자로 행동할 것이고, 이러한 사회를 건설하기 위해서 부

---

62) F. Engels, *Die Entwicklung des Sozialismus von der Utopie zur Wissenschaft*, in: ML-Werke(Karl) Dienz Verlag, Berlin. Bd. 19, 4 Aufl. 1973, unveränderter Nachdruck der 1 Aufl. 1962, Berlin/DDR S. 189~228.

의 상속 폐지, 토지와 자본의 공적 소유를 주장했다. 푸리에는 새로운 사회를 위한 동력을 자본가와 노동자의 투쟁으로 보지 않았으며, 불로소득에 대한 엄격한 누진세를 매길 것과 모든 노동자가 공동투자의 소유주가 될 수 있다고 했다. 오웬은 자본가와 노동자는 모두 잘못된 경쟁 체제의 피해자라 하였다.

이들 이른바 '유토피아적 사회주의자'들은 본질적으로 도덕주의자들이다.[63] 따라서 좋은 사회를 건설하기 위해 사회의 악을 제거해야 한다고 보았다. 그들은 현존 사회가 부패했고, 이를 개선하기 위해서는 인간 지식의 진보가 필수적이라 본다. 즉 그들은 지적인 면과 기술적인 면을 중시했다. 과학과 기술의 진보는 좋은 삶의 수단을 제공할 수 있는 생산을 증대시켜 빈곤 문제를 해결하며, 지식의 증대로 말미암아 인간의 행동이 더욱 합리적으로 되어 이성적 정치가 가능해진다. 지식과 덕은 일치하는 것이며, 선을 안다는 것은 실제 행동을 바르게 하는 것과 일치한다는 것이다. 결국 유토피아적 사회주의자들은 사회 질서의 개혁에서 도덕적 개혁이 가능해지며 인간의 삶과 도덕은 환경의 영향으로 인한 것이라 여긴다. 그러므로 사회 구조라는 환경을 개혁함으로써 인간의 행위를 교정하고자 한다.[64]

---

63) 러시아과학아카데미연구소 편, 이을호 옮김, 『세계철학사(4)』, 서울: 중원문화 2009, 18~75쪽 참고.
64) 카를 마르크스, 프리드리히 엥겔스 지음, 조현수 역해, 『마르크스선집』, 서울: 타임기획 2006, 103~104쪽 참고.

마르크스와 엥겔스가 보기에 이들 유토피아적 사회주의자들은 사회주의를 인간 조건에 관한 영원한 진리로 오인했다. 즉 사회주의를 실현하기 위해서는 그 진리를 발견하여 그것을 사람들에게 단지 설명해 주면 된다고 여겼다는 것이다. 그들은 사회적 모순을 계급적 관점에서보다는 형제애와 사회적 정의라는 소박한 관점에서 접근했다. 즉 좋은 사회를 건설하기 위해서 인간의 이성과 양심에 호소한 것이다.[65] 그러나 엥겔스가 제시한 사회주의는 어디까지나 현실에 토대를 두고 그것을 행동을 통해 쟁취해야 하는 과학이라는 것이다. 또 물질적 현실의 토대를 자본주의적 생산 및 계급투쟁의 현실로 구체화시킨 것이 마르크스라는 것이다. 그런데 양적인 변화가 질적인 변화로 이어지려면 압박이 최악의 상태로 되어야 하며, 이렇게 자본주의 경제 체제의 모순이 극에 달하면 노동자들의 혁명이 이어진다고 한다. 그래서 프롤레타리아가 정치권력을 장악하여 생산수단을 국가가 소유하게 된다. "그러나 그 과정에서 프롤레타리아는 스스로를 폐기하고, 모든 계급차별과 적대 계급을 폐기하여 국가도 폐기한다."[66] 이것은 마치 에너지보존법칙이나 세포생물학법칙처럼 놀라운 현상으로 생시몽이 예언했듯이, 미래의 사회주의 지배는 합리적인 기술관리의 문제

---

65) 위의 책, 105쪽 참고.

66) Marx-Engels Collected Works, New York 1975-2005(이하 MECW), vol. 24, p. 321.

가 된다. 엥겔스는 착취는 더 이상 존재하지 않게 되고 다윈식 생존경쟁은 끝나게 된다고 말한다. 거기서 사회적 생산의 무정부상태는 체계적인 조직으로 대체된다. "인간이 불가피한 필요에 매달려 살다가 이제는 자유의 왕국으로 들어서는 것이다."[67] 이것이 바로 마르크스의 변증법적 물질주의의 최종 목적지인 공산주의 사회의 모습인 것이다. 이렇게『유토피아에서 과학으로 발전하는 사회주의』는 마르크스주의 안내서로서 유럽 공산주의의 틀을 잡는데 결정적 역할을 했다.

마르크스주의가 추구하는 공산주의사회에서는 인간의 자유가 최대한 보장된다. 그야말로 능력에 따라서 일하고 필요에 따라서 소비하는 사회가 곧 공산주의사회이다. 마치 가정에서 가족 구성원이 능력에 따라서 일하고 필요에 따라 소비하는 것과 꼭 마찬가지다. 그러한 사회에서는 계급도 국가도 그 어떠한 인위적 기구도 사라진다. 오직 자유만이 남게 된다. 그야말로 지상천국이 따로 없다. 일찍이 인류가 그려 온 이상적인 사회, 이상적인 삶이 실현된다. 적어도 이론상으로만 본다면 가히 선천 유토피아사상의 결론이라고 할 만하다.

마르크스와 엥겔스의 과학적 유토피아가 가지는 문제점은 그들이 제시한 이론 밖에 있다. 아무리 훌륭한 이론이라도 현실과 부합하지 않으면 아무런 가치가 없는 법이다. 더욱이 그 이후에 이 사상을 추종한 사회들, 즉 소련과 동유럽 국가들을

---

67) MECW, vol. 24, p. 323.

비롯한 공산주의 국가들이 과연 진정한 공산주의의 과학적 유토피아를 실현했는가를 물을 때 그러하다. 오히려 현실적으로 존재한 공산주의 국가들은 독재와 빈곤과 사회적 모순으로 인하여 이미 붕괴되었거나 아니면 사회주의 제도 자체를 변화시키는 작업을 진행하지 않으면 안 되었다. 이것은 마르크스와 엥겔스의 과학적 사회주의가 그들이 비판한 공상적 사회주의에 지나지 않거나 혹은 비록 그 자체로는 훌륭할지 몰라도 현실에 실현시킬 수 없는 한계점을 가진 이론임을 말해주는 것이다. 물론 서양의 전통에서 유토피아이론을 가장 체계적이고 구체적으로 전개한 것이라는 점에 그 적극적 의의가 있다고 할 것이다.

지금까지 살펴 본 지상천국 사상은 선천이라는, 지금까지의 인류 역사의 결정적 변곡점 이전까지 형성된 것이다. 여기서 선천이란 후천과 짝이 되는 것으로 증산도 우주관과 역사관의 주요 술어로서 전통적인 동양 우주관과 역사관을 반영하고 있는 것이다. 이에 의하면 선천은 자연과 역사가 분열하고 생장하는 시기로서 상극의 시대인 반면 후천은 성숙과 상생의 시대다. 선천이 그러한 것은 무엇보다도 자연의 조건이 그렇게 되어 있기 때문이다. 즉 선천의 자연은 인간에게 극복하기 녹녹치 않은 시련을 강요했던 것이다. 지구는 기울어져 사시의 변화를 지어냈으며, 이에 따른 크고 작은 자연 재해를 야기하고 인간 사회에는 끝없는 갈등과 분쟁, 심지어는 전쟁상태가 지속되었던 것이다.

이러한 시대의 인간은 행복을 추구했으나 거기에 실제로 도달하는 일은 불가능에 가까웠다. 사람들은 이로 인한 절망의 나날을 보내지 않으면 안 되었다. 그러나 사람이란 절망 속에서 살수록 더욱 희망을 적극적으로 추구하는 법이다. 그러한 희망의 흔적이 유토피아사상이요, 지상천국론인 것이다. 그러기에 이러한 사상은 선천의 열악한 현실에서 비롯된 절박한 것이다.

선천의 유토피아론은 현실의 절실한 요구를 담고 있는 위대한 것이기는 하지만 근본적인 한계점을 가질 수밖에 없었다. 그것은 어디까지나 이론에 그칠 수밖에 없었다는 것이다. 물론 지상천국을 실현하기 위해 선천인들이 고난에 차서 걸어 온 피묻은 족적은 빛나는 사회사상의 결정체로 추앙받아야 할 것임에는 변함이 없다. 돌이켜 보면 동서양의 유토피아 사상, 지상천국론은 이런 한계점을 그대로 반영한 것이다. 당시의 상황과 환경이 그렇게 만들었던 것이다. 왜냐하면 사상이란 언제나 현실에서 나와 현실과 밀접한 관련을 맺는 것이기 때문이다.

동양의 유토피아 사상은 유·불·선에 독특한 방식으로 나타난다. 유가의 경전인 『시경』, 『서경』, 『예기』등에는 분명 우주의 주재자 상제가 등장한다. 그리고『중용』도 상제를 최고의 통치자로 언급하고 있다. 그러나 유교를 상속하여 새롭게 정립한 공자는 상제를 언급하기는 하되 인간의 현세적 삶을 더 강조했다. 이로써 공자 이후 유교에서는 인간의 세속적 삶을 중시하고 상대적으로 전 우주의 통치자로서의 상제는 점차 소홀히 하게 된다. 그러나 앞에서 이미 다루었듯이, 인간이 참된 행복을 누릴 수 있는 대도가 행해지던 대동세계를 역설한 공자의 의도에서 소박하게 상제를 받들던 고대의 모습을 읽어낼 수 있다.

　도가에서도 인간의 진정한 행복을 위한 인간다운 삶을 중시했다. 그들은 과연 무위자연의 삶, 무릉도원의 삶, 유토피아적 삶을 꿈꾸었다. 그러나 인간의 삶의 고통과 의미, 우주의 본질과 그 운행, 다가올 인간과 우주의 미래 등에 대한 거시적 관심은 양생술과 기복신앙 등 세속적 욕망의 배후로 사라져 버린다. 이제 그들이 기원한 신교적 전통, 우주의 근원과 그 주재자를 기둥으로 삼아 새로운 삶을 추구하는 길로 되돌아가야 할 것이다.

　불가는 중생이 끊임 없이 나고 죽는 윤회의 허망한 삶을 벗어버리고 참된 자아를 찾아 영원한 삶으로 돌아갈 것을 역설했다. 그러나 선천의 기울어진 환경은 이러한 삶을 가로막았고, 이에 따라 현재가 아닌 다가올 미래에 희망을 걸었다. 그것은 곧 미륵불이 출세하여 지상천국을 건설한다는 것이며, 이것을 용화세계라 하였다. 그러나 속인들이 말하듯이, 이 미륵불은 석가불의 제자가 아니라 도솔천의 천주로서 미래할 용화세계를 건설할 주인공이다. 불가는 이 점에서 다가올 미래에 대한 확실한 비전을 가지고 있다.

기독교에서 지상천국은 요한의 계시록에 등장한다는 이른바 천년왕국설에 기원한다. 그 복잡한 논의의 핵심은 하늘에 계신 아버지가 이 땅에 강세하여 천국을 건설한다는 내용이다. 그러나 이런 간단한 내용은 삼위일체설과 지나치게 강조된 유일신론으로 인하여 잘못 드러나 있다. 스스로 하느님의 아들("사람의 그 아들")임을 드러낸 예수를 도리어 하느님이라 한다든지, 하느님은 인간으로 강세할 수 없다고 단정하는 것은 모두 논리적 정당성이 결여되어 있는 일방적 주장이다. 그들의 성경에는 예수가 하늘에 계신 하느님의 아들이며, 예수를 이 땅에 보낸 아버지 하느님이 지상에 강세하여 지상천국을 건설할 것임이 나타나 있다.

그 밖에 동양의 태평천국운동이나 마르크스의 공산주의 사회론으로 집약되는 세속적인 유토피아 사상 역시도 현실과 동떨어진 것에 불과한 경우가 많다. 그것은 선천이라는 환경으로 인한 것도 있고, 미래에 대한 예측이 인간의 한정된 지식에 기반하기 때문에 빗나갈 수도 있기 때문이기도 하다. 이제 후천이라는 새로운 시대를 여는 지상천국론이 등장할 역사적 전환점에 이르게 된다.

III

지상천국으로 가는 길

이제부터 살펴보고자 하는 것은 선천의 인류가 오랫 동안 갈구해 온 유토피아의 이상세계가 어떻게 건설될 수 있을 것인가에 대한 문제이다. 그것은 두 측면에서 접근해볼 수 있다. 첫째는 지상천국을 현실적으로 건설하기 위한 역사적인 시도이고, 둘째는 그 밑그림을 총체적으로 설계할 인물을 역사에 선언하고 매개하는 일이다.

그것은 편의상 두 단계로 나누어서 살펴볼 수 있다.

첫째, 문명사의 관점에서 본 서양 가톨릭 신부인 마테오 리치에 관한 것이다. 그는 기독교의 전통에 따라 지상천국을 건설하겠다고 결심하고 동양에 와서 동분서주하다가 결실을 맺지 못하자 죽어서 문명신이 된 다음 동양의 문명신들을 거느리고 서양으로 돌아가 서양 근대문명이 건설되도록 한 주역이다. 말하자면 지상천국의 건설을 역사적으로 기초하고 그 정지작업을 한 것이다.

둘째, 지상천국을 총체적으로 설계할 주인공의 출현을 선언한 이는 동학의 창도자 수운 최제우이다. 그는 우주의 전 영역을 통치하시는 상제님이 지상에 강세하여 선경세계를 건설하실 것임을 선언했다. 이와 관련하여 동양의 근대, 이념적으로는 인류의 근대를 열었다는 동학이 지상천국론과 어떤 관련이 있는지를 밝힐것이다. 그것은 참동학이라는 증산도의 전단계로서 깊은 의의를 가지기 때문이다.

지상천국의 건설은 실제로 지상에 세워지는 천국으로서 동서양의 인류가 그간 추구해 온 이상향이 고스란히 지구에 건설되는 인류사적 대사건이다. 이것은 천지인 삼계의 주재자이신 증산 상제님이 후천의 새 세상을 개벽하는 과정에서 마테오 리치 신명을 선경건설의 책임자로 임명하고, 때가 되면 상제님이 스스로 강세하여 오만 년의 지상선경세계를 건설할 것이라 수운 최제우를 통해서 선언하면서 일어나는 일들이다. 말하자면 지상천국 건설에 대한 총체적인 비전을 제시하는 것이다.

1. 마테오 리치와 근대문명

기독교 전통에서 이상적으로 그리는 천국에는 여러 가지 의미가 있다.

먼저, 최초의 인간인 아담과 하와가 살던 에덴동산이다. 물론 신화의 형태를 띤 것이기는 하지만, 이것은 하느님이 천국을 지상에 옮겨 놓은 모델과 같은 것이다. 이곳에서는 인간이 힘든 노동을 하지 않고도 생활에 필요한 모든 것이 완비된 지상낙원이 펼쳐진다. 따라서 나고, 늙고, 병들고, 죽는 고통이 없다.

둘째로 구약이나 신약, 특히 바울이나 예수가 전한 천국은 사람이 죽어서 영으로 체험하는 곳이다. 천국은 말 그대로 영과 육이 함께 하는, 땅의 나라가 아니라 저 하늘에 있는 하느님의 나라이다.

마지막으로 사도 요한의 메시지에서 유추한 천년왕국은 지상에서 펼쳐지는 하느님의 나라라는 의미에서 일종의 지상천국이다. 천년왕국설은 원래는 종말론의 한 형태로서 그리스도가 지상에 재림하여 왕국을 건설하고 마지막 심판 이전 천년을 통치할 것이라는 신앙이다. 그러나 초기 그리스도인들은 천년왕국을 그 문자적 의미를 넘어서 구원론으로 확대해석하였으며, 천년왕국의 구성원인 부활한 순교자들을 지금 현재 고난 받는 신자들이라 폭넓게 해석한다. 그래서 천년왕국설은 단지 성경해석의 논쟁이 아니라 실제적인 사회운동의 원동력으로 작용하게 되었다.[68]

16~17세기에 활동한 리치는 당연히 이러한 유럽의 정신적, 사회적 운동의 분위기를 온 몸으로 체험했을 것으로 여겨진다. 당시 기독교는 때마침 신구교간의 갈등이 안으로 곪다 못해 밖으로까지 터져 나왔다. 유럽 북부를 중심으로 전개되었던 신교 운동, 즉 종교개혁[69]은 루터와 츠빙글리, 칼뱅 등을 중심으로 절정에 달했다.

신교 운동은 로마 가톨릭교회의 타락상에서 불붙었다. 가톨

---

68) 노만 콘 지음, 김승환 옮김, 『천년왕국운동사』, 서울: 한국신학연구소 1993, 13~17 참고.

69) 종교 개혁Protestant Reformation은 1517년 마르틴 루터가 당시 로마 가톨릭교회의 부패와 타락을 비판하는 내용의 95개조 반박문을 발표하여 시작된 사건이다. 부패한 교회를 성경의 권위와 하나님의 은혜와 믿음을 강조함으로써 새롭게 변혁시키고자 했던 운동이다. 그 결과, 기독교는 개신교, 즉 루터교, 침례교, 성공회, 개혁교회 곧 장로교회 등으로, 그리고 로마 가톨릭교회와 동방정교회로 나뉘게 되었다.

릭교회는 천국행 티켓이라면서 면죄부를 강매했다. 이러한 착취는 뜻있는 성직자들과 신앙인, 그리고 신학자들의 공분을 사기에 이르렀다. 또한 당시 전 유럽에 불어 닥친 새로운 지적 운동은 르네상스였다. 이로써 휴머니즘이 각성하기 시작했고, 도시를 중심으로 상업이 융성하기 시작하여 근대 자본이 형성되기 시작했다. 이러한 일련의 움직임은 교황의 "아비뇽유수" 사건[70]을 계기로 교황권의 몰락을 가져왔다.

가톨릭교회는 이에 반응하지 않을 수 없었다. 그 자구책들 가운데서 눈에 띄는 것은 단연 예수회Societas Iesu설립이다. 예수회는 스페인 출신의 로욜라가 1534년 결성한 단체로 '예수를 본받아 살고자 하는 사람들의 모임'이란 뜻이다. 그들은 하느님과 인류에게 봉사한다는 일념으로 청빈, 정결, 순명이라는 서원을 하고 구습을 타파하며 새로운 생활 양식을 채택했

▪예수회를 창립한 이냐시오 로욜라(좌)와 예수회 로고 (우)

---

70) 13세기 말에 프랑스왕 필립4세는 교황 보니파시오8세와 싸우기 시작하여 결국 승리(1303)하자 1305년 선출된 교황 클레멘스5세는 파리 근교의 아비뇽에 머물기 시작한다. 이에 교황령의 수도인 로마에는 공백이 생겨 1378년에는 로마 교황에 우르바노6세가 선출됨으로써 교회 권력이 분열된다. 그는 아비뇽의 클레멘스7세와 대립하게 된다.

다. 인류를 위해서라면 세계 어디든지 즉시 달려가는 즉응성을 중시했다. 최고 자도자인 교황의 명령이라면 절대적으로 순종하는 일사분란한 명령체계를 가지고 있었다. 그래서 예수회는 아직 신교의 영향이 미치지 않는 아메리카와 일본, 중국을 비롯한 동양에 선교사업을 벌이게 된다.

이러한 시대적인 분위기를 배경으로 지상천국 건설의 꿈은 서구에서 조용히 싹트고 있었다. 그 중심에 마테오 리치Mateo Ricci가 있었다. 그는 이탈리아의 신부로서 16세기 후반에 동양에 와서 서양의 문물을 전하는 동시에 동양의 정신문화를 서양에 소개한 인물이다. 그로 인해서 비로소 막혔던 동서 문명 교류의 물꼬가 트이게 된다. 그가 추구한 이상은 동서의 문명

교류와 이를 바탕으로 한 새로운 문명의 건설이었다. 인류 역사상 최초로 진정한 의미에서 세계 보편사를 서술한 이가 헤겔이면 그러한 보편사의 이념을 실제로 역사에 실현한 최초의 인물은 단연 리치신부인 것이다.

증산 상제는 후일 이것을 두고 그가 동양에 와서 천국Kingdom of God[71]

▪중국인 유문희 수사가 그린 마테오 리치상. 로마 예수회 본부에 있다.

---

71) 'Kingdom of God'란 용어는 'Kingdom of heaven'으로도 쓰이는데, 왕국 Kingdom은 곧 신의 권능, 왕권Kingship을 뜻하기도 한다. 원래 히브리어 성경(구

을 건설하고자 했다는 매우 이채롭고도 파격적인 평을 한다. 리치의 꿈은 이 평가에 의해서 일약 세계사적이고 우주적 차원에서 새롭게 조명될 수 있게 된다. 말하자면 리치의 보편사적 행보를 처음으로 인식하고 인정한 분이 바로 증산 상제였다는 것이다.

① 천국건설의 씨앗

1990년 이후 리치는 단지 가톨릭 선교사라는 지금까지의 일반적인 평을 넘어서 동서문명을 교류시킨 세계사적 인물로 조명되기 시작한다. 이것은 그의 선구자적 활동을 감안한다면 다소 늦은 감이 있지만 당연한 평가라고 본다.

우리는 지금부터 이러한 평가조차도 만족스럽지 못한 것으로 보고, 여기서 더 나아가서 동서양의 문명을 교류케 한 리치라는 제한된 상을 넘어서서 지상천국의 건설자라는 새로운 모습을 그려내려고 한다.

이와 관련한 리치의 행적에 대하여 『증산도도전』은 이렇게 적고 있다.

약)에는 이 말이 나오지 않는다. 다만 「역대기Chr.(상)」(28:5)에 나오는 '야훼의 왕국'malakuth Yahweh은 이스라엘왕국을 뜻한다. 여기서 왕국malakuth은 야훼신의 통치ruling를 뜻하기도 한다. 신약 「마태복음」에서 예수가 'Kingdom of God'란 용어를 사용하면서 천국이란 의미가 처음으로 등장한다. 그러나 예수는 이 말이 무엇을 뜻하는지 구체적으로 설명한 일이 없다. 구약에서의 용례에 비추어 보면 천국이란 인간과 신의 관계를 나타내는 용어로 사용된다고 볼 수 있다. 나아가서 장차 지상에 세워질 하느님의 지상천국을 뜻한다고도 볼 수 있다.

■ 서양 사람 이마두利瑪竇가 동양에 와서 지상의 천국을 건설하려는 계획을 내었으나 쌓여 온 폐단으로 인하여 그 뜻을 성취하지 못하였다. 그는 동서양의 문물이 교류되도록 하게 함으로써 그간 막혔던 동서양의 신명들이 서로 교류하게 하였으며, 죽어서 신명이 되어 동양의 문명신을 거느리고 서양으로 돌아가 천국을 건설하려 했다.(2:30:3~5)

1552년 이탈리아 중부의 교황령에 위치한 소도시 마체라타 Macerata에서 태어난 마테오 리치는 독실한 신자로서 예수회의 회원이 되었으며, 나아가 안드레아수도원의 수련수사修練修士까지 된다.

16세기 무렵 서구 열강은 근대적 부와 자본을 계속적으로

━이탈리아 중부의 교황령에 위치한 마체라타

증식시킬 수 있는 가능성을 모색하던 중 신대륙과 아프리카, 그리고 아시아를 향했다. 당시 해외 선교도 함께 붐을 이루었는데, 기독교 선교는 매우 강압적, 폭력적이었으며, 이것은 원칙적으로 사랑이라는 기독교 정신에 어긋난 것이었다. "한 손에 성경을, 한손에는 칼을!"이라는 선교 구호는 이를 웅변으로 말해주고 있다.

예수회는 이와는 달리 철저히 보편적 사랑의 바탕에서 선교가 이루어져야 한다고 주장했다. 이에 따라 리치는 세상의 명리를 버리고 오로지 하느님의 영광을 위해, 복음 전파를 위해 몸을 바치겠다는 서원을 하고 동양 선교를 마음속 깊이 결심한다. 천국건설을 위한 씨앗이 리치의 동양선교에서 조용히 뿌려진 것이다.

리치가 생각하는 지상천국은 철저히 신과학과 기술에 의해서 이루어진 문명사회라고 할 수 있다. 그의 선교 활동 기간 내내 보여준 과학과 수학, 그리고 기술에 대한 끈질긴 집념과 노력은 이 사실을 입증한다. 그가 중국에 쌓여 온 나쁜 풍습으로 인하여 마침내 뜻을 이루지 못하고 죽자 신이 되어 동양의 문명신들을 거느리고 서양으로 건너가서 다시 천국 건설을 시도했다는 『도전』의 구절을 통해서 엿볼 수 있는 내용도 이와 일치한다. 문명이란 과학과 기술에 의해서 그 기초가 튼튼히 놓여지기 때문일 것이다.

당시의 시대 상황은 이미 신본주의에서 인본주의로 방향을 전환하고 있었다. 신의 영향을 벗어나 자신의 힘으로 살아갈 수 있기 위해서는 자기를 절대화해야 하며, 이를 위하여 대상세계인 자연에 노동을 가하여 생산활동을 할 수 있도록 하는 과학기술이 절실히 요구되었다. 이러한 분위기에서 자연스럽게 과학기술과 문명의 이기를 자유롭게 넘나들면서 리치의 독특한 지상천국의 구상은 내면적으로 조용히 성숙해가고 있었다.

② 동서문명의 만남

리치는 지상에 천국을 건설하기 위해서 중국에 왔다. 처음에는 그저 낯선 세계에 진리를 전파하고자 하는 생각이었으나 현지에 도착하여 활동하면서 점차 천국을 건설해야 한다는 생각으로 바뀌었는지도 모른다. 그런데 지상천국을 건설하기 위해서는 우선 낯선 환경에 적응하지 않으면 안 되었다. 그의 적

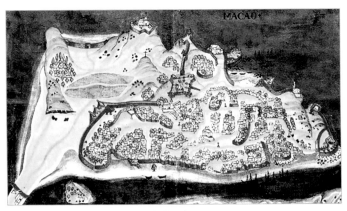

▬리치가 도착할 당시의 마카오를 소개하는 지도

응주의Accomodationism는 이러한 목적을 실현하기 위한 원리지만 단순히 동양의 문화에 자신을 적응시키는 일방적인 것이 아니다.

> ▪ 서양 사람 이마두가 동양에 와서 천국을 건설하려고 여러 가지 계획을 내었으나 쉽게 모든 적폐를 고쳐 이상을 실현하기 어려우므로 마침내 뜻을 이루지 못하고 다만 동양과 서양의 경계를 틔워 예로부터 각기 지경을 지켜 서로 넘나들지 못하던 신명들로 하여금 거침없이 넘나들게 하고...(2:30:3~4)

최근 일본의 리치 연구가인 히라카와 스케히로는 리치를 "최초의 세계인"이라 평한다.[72] 리치가 행한 동서 문명의 교류는 수 천 년간 지속된 인생관과 세계관을 송두리째 뒤바꿀 만한 일대 사건이었다.

리치가 전한 서양의 문물들은 세계지도와 시헌력이라는 일종의 태양력 등과 유클리드의 『기하학원본』의 번역, 천문학에서 해시계와 지구의 등 수많은 과학기구를 직접 제작하여 보급함으로써 중국의 천문학이 본격적으로 발전할 수 있는 터전을 마련했다. 또 유럽의 8음계와 클라비코드를 전하고 『서금

---

72) 히라카와 스케히로 지음, 노영희 옮김, 『마테오 리치: 동서문명교류의 인문학 서사시』, 서울: 동아시아 2002, 357쪽 이하 참고.

곡의팔장』이라는 한문 곡을 지었다. 미술에서도 원근법과 입체화법으로 새로운 전기를 마련하게 되었다. 무엇보다도 중국 지식인의 필독서인 사서의 번역을 비롯한 종교와 천문, 지리와 수학, 그 밖에 인격수양에 관한 저술 등을 포함하여 20여 권이나 된다. 리치가 자신의 험난하고도 재미있는 선교 활동의 생생한 장면들을 모국어로 정리한 『보고서』는 파리에서 간행되어 선풍적인 인기를 끌게 되었다.

리치 이전에 항해가들과 탐험가, 상인들에 의해서 간헐적이고 단편적으로 알려진 중국은 비단과 다이아몬드, 황금의 나라로 인식되어 있었다. 사람들은 중국을 카타이Catai라고 불렀으며, 그 위치도 잘못 알고 있었다.[73] 리치로 인해서 이러한 잘못된 정보는 수정되었고, 이것은 동서문화의 교류사에서 커다란 사건이었다.

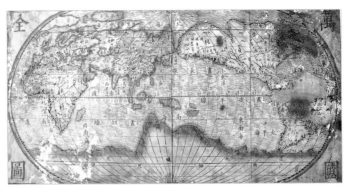

━리치가 직접 제작해 최초로 동양에 소개한 곤여만국전도(1602)

73) 히라카와 스케히로 지음, 노영희 옮김, 위의 책, 44쪽 참고.

리치는 주로 과학기술과 그 기구들을 중국에 전해주었으나 그렇다고 정신적 측면에 소홀한 것은 아니었다. 그는 탄탄한 고전 해독 능력과 중국어 실력을 바탕으로 수많은 저술을 남겼다. 그 가운데 『천주실의』는 기독교 교리문답서의 형식을 취하고 있으나 그 실내용은 동서정신의 만남과 교류사에 있어서 기념비적 의의를 가지는 획기적인 저술이다. 그것은 동서정신의 중핵을 이루는 종교와 철학, 사상, 세계관, 풍습, 논리학, 문학에 대한 핵심적 논변과 변증의 과정을 조리있게 잘 정리하고 있다. 제2편에서는 "중국말로 상제는 우리나라에서 천주라고 한다."고 전격 선언한다. 닫혔던 동서의 장벽이 허물어져 진정한 교류와 대화가 싹틀 수 있는 토대가 마련된 것이다.

"지경을 지켜 서로 넘나들지 못하던 신명들로 하여금 거침없이 넘나들게 하고"란 눈에 보이지 않는 세계, 역사의 혼의 세계, 신들의 세계에서 일어난 사건을 이른다. 서양 근대철학의 완성자인 헤겔이 그의 역사철학을 전개하면서 매우 중시한

▪ 서양문물을 동양에 전한 마테오 리치(左) 아담 샬(中), 페르비스트(右)

것이 바로 이 "역사의 혼"[74]이다. 역사를 이끌고 가는 위인이나 세계사적 인물, 예컨대 나폴레옹이나 시이저 혹은 플라톤이나 아리스텔레스, 알렉산더나 공자 같은 사람들은 죽어서도 역사의 혼이 되어 세계사의 방향을 결정짓는다는 것이다. 일반인들이 잘 인식할 수 없기 때문에 쉽사리 인정할 수 없는 이런 문제는 이렇게 객관성을 확보하게 된다. 이런 관점에서 리치가 동서의 장벽을 허물어서 서로 교류하게 되어 신명계를 지키던 혼들도 덩달아 서로 넘나들게 되었다고 말하는 것은 단순한 억측이라고는 말할 수 없는 것이다. 리치가 신명이 되어 다시 천상에서 지상천국 건설을 주도할 수 있었던 것은 이러한 생전의 공덕으로 인한 것이었다.

③ 서양 근대문명의 출현

지상천국 건설이라는 리치의 꿈은 너무나 절실하던 필생의 염원이었기에 죽어서도 그것을 쉽사리 포기할 수 없었다.

> ■ 그가 죽은 뒤에는 동양의 문명신을 거느리고 서양으로 돌아가서 다시 천국을 건설하려 하였나니 이로부터 지하신이 천상에 올라가 모든 기묘한 법을 받아 내려 사람에게 '알음귀'를 열어주어 세상의 모든 정교한 기계를 발명케 하여 천국의 모형을 본떴나니 이것이 바로

---

74) Hegel, G. W. F., *Vorlesungen über die Philosophie der Geschichte*, Einleitung.

현대의 문명이라. 서양의 문명이기는 천상문명을 본받은 것이니라.(2:30:5~8)

리치는 죽어서 문명신이 되었다. 단지 개인적인 원망이나 소원이 아니라 인류 전체의 행복을 위한 염원은 그를 단순한 신명이 아니라 문명신이 되도록 한 것이다.

증산도의 신관은 사람이 죽으면 영육이 분리되어 영은 하늘로 올라가 그 사람의 생전의 일과 관심에 따라서 그러한 성격에 맞는 신명이 된다고 가르친다. 따라서 리치가 죽어서 필생의 꿈과 이상을 실현하기 위해 계속 노력을 경주하는 것은 있을 수 있는 일이다. 우리는 이러한 사후 리치의 활동상을 근대문명의 시각에서 추적해 보고자 한다.

『도전』의 정보를 통해서 보면 리치는 천국건설의 꿈을 포기하지 않고 문명신이 되어 생전에 갈고 닦은 동서학문과 풍부한 실질적 경험을 살려 자신의 고향인 서양으로 돌아가 다시 지상천국을 건설하고자 했다. 결국 리치는 자신의 필생의 꿈을 성취했다. 이것이 바로 근대문명이다.

여기서 근대란 무엇을 뜻하는가? 근대는 원래 중세를 염두에 둔 개념으로 설정되었다.[75] 기독교신학적 전통의 속박과 낡

---

75) 근대는 영어로는 'modern times', 독일어로는 'Neuzeit'이다. 그런데 현대는 영어로는 'modern times', 독일어로는 'Gegenwart'이다. 즉 근대와 현대의 차이는 적어도 영어로는 나타나지 않는다. 독일어로도 'Neuzeit'란 단지 중세와는 구별되는 새로운 시대임을 표현할 뿐이다. 또한 현대의 독일어 'Gegenwart'도 바로 지금이

은 봉건적 사회시스템, 농업에 기반을 둔 경제체제가 중세를 특징짓는 요소다. 기독교신학적 전통의 속박을 깨뜨린 것은 인간의 이성과 경험이라는 계몽주의의 망치였고, 이로부터 비롯된 과학과 기술의 급속한 발전은 낡은 봉건시스템과 그러한 경제체제를 무너뜨리는 기폭제의 역할을 했다.

근대의 이러한 정신을 '계몽'이라 하는데, 이는 어둠 혹은 어리석음을 일깨워 밝게 만든다는 뜻이 있다. 이러한 계몽을 수행하는 두 축이 바로 이성과 경험이다. 이성이란 인간의 자기 자신에 대한 반성의 능력을 말한다. 반면에 감각적 경험을 통해서 간접적으로 자기자신을 반성하는 입장이 곧 경험주의이다. 경험이 풍부해짐으로써 자아는 외부 세계와의 관계 설정에서 능동적으로 임하게 되는 것이다.

이성은 자신의 내면에 대한 반성을 하기도 하지만, 밖에 있는 객관세계를 대상으로 정립하기도 한다. 이성이 객관세계에 관여함으로써 경험이 생겨나는 것이다. 즉 이성과 경험은 동전의 양면과도 같다.

경험을 보다 체계적으로 조직화한 것이 곧 자연과학이다. 자연과학에서 근대이성의 경험 활동은 결국 자아의 주체성을 정립하기도 하지만, 이 과정에서 객관세계를 자아의 영역으로 편입하려는 숨은 관심(욕망)을 가진다. 말하자면 객관세계를

라는 뜻이 강할 뿐이다. 따라서 근대와 현대는 연속성이 매우 강하며, 동일한 정신이 관통하고 있음을 알 수 있다. 그것은 과학기술문명이라는 공통의 요소이다.

그 자체의 독립성을 가진 존재가 아닌 자아에 종속된 부가물로 만들려는 것이다. 이 욕망이야말로 근대과학을 발전케 한 숨은 힘임에 틀림이 없다. 그러나 욕망은 파괴적 성격이 강하다. 물론 근대과학의 본질을 이렇게만 파악하는 것은 일면적이다. 근대과학은 어디까지나 어두움을 밝히는 계몽의 역할을 한다는 것이다. 과학이 가지는 밝은 면, 긍정적인 면, 나아가 신적인 면이 동시에 고려되어야 하는 것이다.

근대 자연과학의 눈부신 발전은 합리적으로는 설명하기 힘들 정도로 급속한 것이었다. 과거 그 어느 때에도 이런 정도의 급속한 변화가 동시다발적으로 역사의 물줄기를 바꾼 적은 없었다. 그래서 사가들은 근대과학의 이런 측면을 "과학혁명"이라고 표현하기도 한다. 그리고 과학혁명은 "산업혁명"을 가져왔다. 그리고 산업혁명은 의식주의 혁명, 사고방식의 혁명, 학문 페러다임의 혁명을 가져왔다.

『도전』에는 리치가 죽어서 동양의 문명신들을 거느리고 서양으로 돌아가 다시 천국을 건설하려 하였다고 되어 있다. 그런데 이 과정에서 "지하신"이 천상에 올라가 "모든 기묘한 법"을 받아내려 사람에게 "알음귀"를 열어주어 세상의 "모든 학술"과 "정교한 기계를 발명케 하여 천국의 모형을 본떴다"는 것이다. 근대의 서양문명에 대한 주요한 모멘트가 모두 여기에 들어 있다. 그것은 한마디로 인간적인 합리성을 넘어선 신적인 예지력에 관한 것이다.

몇몇 보고에 의하면 우리가 살고 있는 이 땅 아래에는 상당히 발달된 문명을 가진 세계가 있다고 한다.[76] 여기서 "지하신"이라 하면 지하세계의 발달된 문명을 관장하는 문명신이라는 뜻도 담겨 있다. 이들은 리치신명과 함께 천상에 올라가 그곳의 발달된 문명을 직접 보고 그것을 건설하는 법을 알아내어 이것을 지상의 사람들에게 전해주었다.

　　그런데 무엇보다 중요한 것은 이러한 문명신들이 천상의 기묘한 법을 지상 사람들의 "알음귀"를 열어주었다는 사실이다. 또한 이로 인하여 세상의 학술과 정교한 기계를 발명케 했다는 것이다. 이로써 서양의 근대에 갑자기 자연과학과 수학이 폭발적으로 발전한 이유가 무엇인지 잘 설명될 수 있다. 천상의 기원을 가진 알음귀의 도움을 받아 과학자, 수학자들이 앞다투어 과학 법칙과 수학 법칙을 발견하고 그것을 체계화하여 과학과 수학을 근간으로 한 근대과학을 탄생시켰던 것이다. 이를 바탕으로 근대기술이 비약적으로 발전한 것이다.

　　그러므로 과학과 수학, 그리고 이를 바탕으로 한 근대기술은 모두 한 연관성 안에서 비로소 이해될 수 있다. 즉 과학과

76) 티모시 그린 베클리 편저, 안원전 옮김, 『지구 속 문명. 북극 너머의 미스테리』, 서울: 대원출판1996 참고. 이 책에 의하면 지구의 북극과 남극에는 직경 1400마일의 커다란 구멍이 나있으며, 노르웨이의 항해가인 올랍 얀센 주자는 1829년 북극 근처를 항해하다가 우연히 지저문명을 체험했다고 한다. 이들에 의하면 지저문명은 지상문명에 비해서 훨씬 발전된 문명이며 언어를 텔레파시를 이용해서 이루어진다고 한다.; 리차드 E. 버드 기록, 안원전 옮김, 『북극 너머 지구 속 비행일지』, 서울: 대원출판 1999 참고.

수학은 기술의 발전을 뒷받침하고 발전된 기술은 새로운 학문 체계를 세우고 과학을 발전시키는 원동력으로 작용한 것이다. 한 예로 근대의 물리학과 화학, 생물학, 수학의 발전은 영국의 산업혁명을 가능케 한 숨은 힘으로 작용했다. 산업혁명은 생산량의 증대를 가져왔고 근대 자본이 형성되는 계기가 되었다. 그리고 다시 이러한 막강한 자본은 과학과 기술을 발전시키기 위한 원동력이 되었다.[77]

결국 "알음귀"는 16세기 중반부터 18세기 후반에 걸친 근대 과학혁명을 이끈 숨은 힘으로 평가된다. 알음귀는 근대의 이성이나 합리성과는 전혀 다른 것이다. 이성과 합리성은 인간적인 것이라면 알음귀는 신적인 기원을 가지는 것이다. 혹은 달리 이해하면, 인간의 고차원적인 능력 가운데는 신과 만날 수 있는 기관이 있을 것으로 추정되며, 이것이 바로 알음귀인 것이다. 말하

▬영국의 산업혁명 당시 공장 굴뚝들

77) 과학과 수학의 발전이 기술을 발전시키면 기술의 발전은 과학과 수학의 발전을 촉진하기 위한 연구비나 과학기기를 마련하는 데 결정적 중요성이 있는 것이다. 예컨대 만일 허블망원경이 없었다면 더 이상의 천문학의 발전을 기할 수 없었을 것이다. 또 허블망원경의 덕택으로 그 방면의 수학과 과학이 비약적 발전을 할 수 있을 뿐만 아니라 이 발전된 수학과 과학은 다시 더 정교하고 성능이 우수한 과학기기를 발명할 수 있는 원동력으로 작용하는 것이다.

자면 신적인 예지력이라고도 할 수 있다.[78] 그래서인지 과학혁명은 매우 짧은 기간에 마치 사전에 치밀한 계획이라도 되어 있었던 듯이 전광석화처럼 일어났다.

천상의 발달된 문명을 지상에 이식시키기 위하여 문명신들이 취한 것은 이처럼 천국의 문명을 본받기 위해 사람들의 알음귀, 즉 예지적 능력을 열어주는 일이었다. 그러므로 이 능력에 의해서 건설된 근대문명은 천국의 문명을 지상에 이식한, 일종의 지상천국이라고 할 수 있는 것이다. 증산 상제님이 서양의 현대문명(지금의 시점에서 보면 근대문명)을 "천국의 모형을 본떴다"고 한 것은 바로 이 점을 지적한 것이다.

2. 동학의 시천주인간과 지상천국 선언

① 동학은 근대의 분기점

동양에도 근대가 있었는가? 근대라는 시간대는 분명 있었다. 그것은 단지 역사 서술가들이 임의적으로 설정한 시대구분에 지나지 않기 때문이다. 그러나 보통 동양에는 근대가 없었다고 생각한다. 다분히 서양의 근대를 의식한 발상이다. 서양의 근대에 분명 과학이 결정적 역할을 한 것은 사실이지만

---

78) 현대 기술철학의 아버지라 할 수 있는 데싸우어는 기술은 천상의 신들의 영역인 이데아에 대한 모방에서 가능하다고 주장했다. 그는 기술이 발명을 하지만 이것은 스스로 고안해 내거나 창안한 것이 아니고 단지 발견일 뿐이라고 하였다. F. Dessauer, *Die Streit um die Technik; Die Frage nach der Technik*.

반드시 과학이 기준이 되어야 할 필연성은 없다. 동양의 근대도 있을 수 있다는 것이다. 우리는 그 계기 가운데 하나를 수운 최제우가 창도한 동학이라는 일대사건으로 본다. 왜 그런가? 우선 그 시대적 배경이 무엇인지 살펴볼 필요가 있다.

1860년 수운의 대각大覺 후 일어난 동학운동은 낡은 왕조의 해체와 근대적 민족국가 형성 및 그 이념, 그리고 사회운동을 주도해 왔다. 즉 밖으로는 반서구적인 저항을 통해 민족주의 운동을 주도하고 안으로는 왕조에서 소외되었던 백성을 진정한 근대적 국민으로 자각하도록 했다. 그러나 자세히 보면 1905년 이전의 동학운동은 아직 위정척사운동과 공통된 반서구적인 양이의식攘夷意識과 서양의 침략에 대한 동아시아의 자문명권 보수의식이 그 바탕에 깔려 있다.[79] 즉 이 시기의 동학운동은 수운의 "아국운수我國運數 먼저하네"(「안심가」)에서 알 수 있듯이, 자국에 대한 자주의식이 두드러져 보국안민의 민족 저항이 주를 이룬다.

중국에서는 태평천국을 비롯한 민족운동이 일어나 민족주의 운동이 일어났고, 인도에서는 국민회의파를 조직한 간디가 비폭력 불복종운동을 전개하여 민족주의가 조직화된다. 그러므로 동학의 태동은 아시아 보편의 운동의 일환이라는 거시적 안목에서 바라볼 수 있다. 서양에 비해서 근대적 자각이 늦었던 아시아에 새로운 바람이 일어난 것과 때를 같이하는 동학

---

79) 신일철,『동학사상의 이해』, 서울: 사회비평사 1995, 59쪽 참고.

운동을 보다 거시적인 관점에서 조망할 필요성이 제기되는 이유이다.

더구나 마치 서양에서 근대적 자각이 지상천국 운동과 맥을 같이하듯이, 동아시아에서도 민족적 자각과 더불어 지상천국이라는 인류의 이상사회 운동이 일어난다. 특히 중국의 태평천국운동과 조선의 동학운동은 이점에서 같은 시류를 타고 있는 것이다. 이점에서 동학을 근대적 지상천국 운동의 일환으로 해석해야 할 당위성이 있다.

수운이 창도한 동학은 기본적으로 서양세력의 침투로 인한 문화적 충격에 대응하는 보국적인 종교의 색채를 강하게 띄고 있다. 동학은 중화문명권의 해체와 조선왕조의 몰락을 예측하는 가운데 보국안민의 기치를 내걸면서 백성이 군자가 되는 '동귀일체同歸一體'(「권학가」)의 군자공동체인 지상천국의 건설을 열망한다. 이 점에 동학은 일종의 혁명적 변혁사상의 성격을 내포한다. 수운은 이것을 '다시개벽'이라 하였는데, 후인들은 이것을 '후천개벽'이라 해석했다.

■수운 최제우

동학의 후천개벽사상은 구체적이고 체계적인 이론적 제시가 없기 때문에 불투명하지만 대체로 주역적 세계관의 전통에서 온 것으로 이해된다. 이점에서 동학의 후천개벽과 지상천국은 긴밀하게 연관되어 있지

만 미래의 비전에 대한 구체적 정보나 실현 방법이 제시되어 있지 않은 불분명한 형태를 취하고 있다.[80]

그러나 분명 동학은 기존사회에 대한 비판적 시각을 가짐과 동시에 새로운 세계를 열망한다. 이점 역시 동학 운동과 지상천국 운동을 연결시킬 수 있는 내적인 근거가 된다. 먼저 기존의 질서에 대한 말세적 역사의식은 단적으로 "십이제국 괴질운수"(「안심가」, 「몽중노소문답가」)라는 언명에서 잘 드러난다. 여기에는 이제 기존의 낡은 세계는 그 운을 다했다는 비판의식이 그대로 묻어난다. 괴질운수란 원인을 알 수 없는, 그래서 치유가 불가능한 병이라는 상징으로서 기존질서에 대한 근원적 부정의 성격을 가진다.

나아가 조국 조선의 운수에 대해서도 "유도불도 누천년에 운이 역시 다했던가"(「교훈가」)라 하여 조선왕조를 지탱하던 정신적 지주인 유불도가 더 이상 현재의 위기를 극복할 능력이 없는 무능한 이데올로기임을 드러낸다. 그리하여 불가항력적인 조국의 처지와 운수에 대해서 절망적 심사를 여과없이 그대로 노출한다. "가련하다 가련하다 아국운수 가련하다", "기

---

80) '지상천국'이란 용어는 이돈화의 『천도교창건사』에 나오는 용어지만 그는 그 근거로서 「수덕문」「교훈가」의 '동귀일체', '지상신선', '長生之呪'를 드는 데 그치고 있다. 따라서 이 용어 자체에 관한 한 분명 이돈화의 창작이다. 그러나 내용상으로 지상천국의 개념이 수운의 사상에 없다고 단정할 수는 없다. 신일철, 『동학사상의 이해』, 96쪽; 임형진, 『동학의 정치사상』, 서울: 모시는사람들 2004, 247쪽 이하; 김형기, 『후천개벽사상연구』, 서울: 한울 2004, 73쪽 이하 참고.

험하다 기험하다 아국운수 기험하다", "내 나라 무슨 운수 그다지 기험할고."(「안심가」)

그러나 왕조를 비판하고 미워할지언정 조국에 대해서는 여전히 무한한 사랑과 자부심을 가지고 있다. "십이제국 다 버리고 아국운수 먼저하네." 더 나아가 하느님이 자신을 선택하여 새로운 세상을 열게 하심에 대한 드높은 자부심을 이렇게 외친다.

■ "흐늘님이 내 몸 내서 아국운수 보전하네"(「안심가」), "흐늘님 하신 말씀 개벽후 오만 년에 네가 또한 첨이로다 나도 또한 개벽 이후 노이무공勞而無功 하다가서 너를 만나 성공하니 나도 성공 너도 득의… 어화세상 사람들아 무극지운 닥친 줄을 너희 어찌 알까보냐… 무극대도 닦아내니 오만년지 운수로다."(「용담가」)

② 시천주 인간과 지상천국

나아가서 수운은 실제로 하느님과 만나는 희대의 사건을 맞는다. 경신년(1860년) 4월에 일어난 이른바 천상문답사건을 통해 수운이 만난 상제는 곧 하느님 천주인 것이다. 그런데 수운과 하느님과의 관계는 결국 '시천주'로 요약된다. 수운 사상의 요체도 바로 이 시천주로 모아진다. 따라서 수운이 추구한 이상사회와 시천주는 매우 깊은 관련이 있다.

"시천주조화정영세불망만사지侍天主造化定永世不忘萬事知 지기금
지원위대강至氣今至願爲大降."

수운이 하느님께 받은 시천주주문은 결국 천주와 지기를 근
간으로 한 하느님의 메시지다. 그러면 이 주문에 나타난 천주
와 인간의 관계는 무엇일까? 천주는 인간의 모심의 대상이라
고 수운은 말한다. 그렇다면 모신다는 것은 어떤 뜻일까? "모
신다는 것은 안으로는 신령함이 있고, 밖으로는 기운으로 화
함이 있으니 세상 사람들 각자가 이것을 깨달아 이 상태를 지
키고 보존해야 한다."[81] 즉 천주를 모신다는 것(侍天主)은 나
의 마음 속으로 천주의 신령스러움을 유지하고 밖으로는 그러
한 경건함의 기운이 구체적으로 드러나므로 모든 사람은 이것
을 깨달아 하느님의 마음과 내 마음이 다르지 않은 그 상태를
유지해야 한다는 뜻이다. 그런데 앞에서 시천주주문의 근간이
천주와 지기라고 했다. 그러므로 안으로는 천주님의 신령한
마음을, 밖으로는 천주님의 기운인 지기를 받들어 그러한 상
태를 지속적으로 유지하는 것을 천주님을 진정으로 모시는 것
이라고 이해할 수 있다. 그래서 하느님은 수운에게 "네 마음이
곧 내 마음이니라."[82]고 했다. 수운은 또 "나는 도시 믿지 말고
ᄒᆞᄂᆞᆯ님만 믿었어라 네 몸에 모셨으니 사근취원捨近取遠 하단말
가."(「교훈가」)라 하여 항상 하느님(=천주)을 몸 안팎으로 경건

---

81) "內有神靈, 外有氣化, 一世之人, 各知不移."(「논학문」)
82) "曰吾心卽汝心也."(「논학문」)

하게 모셔야 함을 강조하고 있다.

수운이 지상천국의 거주자로서 설정하는 인간은 곧 하느님을 마음 속에 모시고 있는 시천주를 실천하는 인간으로서 "군자君者"다. 군자는 전통적으로 유가에서 추구해 온 이상적 인간상이다. 군자에 대한 수운의 집착은 상당히 뿌리 깊다. "수심정기 하여내어 인의예지 지켜두고 군자말씀 본받아서 성경이자誠敬二字 지켜내어... 일심으로 지켜내면 도성입덕 되거니와..."(「도덕가」) "성경이자 지켜내어 차차차차 닦아내면 무극대도 아닐런가 시호시호 그때 오면 도성입덕 아닐런가."(「도수사」) "쇠운이 지극하면 성운이 오지마는 현숙한 모든 군자 동귀일체 하였던가."(「권학가」) 표현은 각기 달라도 결국 인의예지를 잘 지키는 것은 군자의 말씀을 본받는 것이고, 이렇게 하면 무극대도에 도달하여 하느님의 마음에 닿을 수 있으며, 이렇게 하는 사람이 바로 군자라는 것이다.

물론 시천주의 인간으로서의 군자는 공자가 말하는 군자와는 좀 다른 면이 없지 않다. 수운은 어디까지나 하느님을 잘 모시는 것과 군자가 되는 것이 다르지 않다는 것인데, 공자는 그러한 하늘의 절대자보다는 아무래도 스스로 인격을 수양하라는 메시지가 더 강한 것이다. 그러나 공자 역시 하늘의 명을 따랐으니 그것은 역시 하느님의 절대성을 따른 것이라 아니할 수 없다.

그런데 종교와 역易사상을 넘나드는 수운의 역사 인식에는 도참적인 요인도 포함되어 있다. 그리하여 그의 글에는 '운, 가운, 시운, 운수, 천운, 쇠운, 성운'이란 말이 관용어처럼 등장한다. 이런 관점에서 "쇠운이 지극하면 성운이 오지마는" 그렇게 해서 열리는 새로운 세상에서는 "현숙한 모든 군자 동귀일체 하였던가"(「권학가」)라 하여 지상천국이 열릴 것을 확신하고 있다. 수운이 비록 "괴이한 동국참서東國讖書"(「용담유사」)라하여 짐짓 도참적 비결을 비판하는 듯하나 그 역시 조선의 성쇠를 논하는 『정감록』의 내용을 암암리에 인정하고 있어 실은 그 자신이 그러한 요인을 어느 정도 수용하고 있는 것으로 볼수 있다. 그래서 수운 자신이 "이재궁궁利在弓弓", "이재가가利在家家"를 영부로 만들어 "궁궁" 혹은 "궁궁을을弓弓乙乙"이라 하는 것이다. 어디까지나 난세를 구하기 위하여 민심수습차원에서 이러한 주술적 법방을 사용한 것이 아닌가 한다. 또한 "인걸人傑은 지령地靈이라 승지勝地에 살아보세 명기明氣는 필유명산必有名山하라 팔도강산 다 던지고 금강산 찾아들어 용세좌향龍勢坐向가려내어"(「몽중노소문답가」)라 하여 풍수지리적 사상조차도 엿보인다.

동학의 이러한 역동적이고 복합적인 역사관을 나타내는 결정적인 것은 조선왕조가 필연적으로 몰락할 것임을 암시하는 상원갑上元甲, 하원갑下元甲의 역易이론이다. 수운은 "삼각산 한양도읍 사백년 지낸 후에 하원갑 이 세상에"라 하여 자신이 살던 시기를 하원갑 말세라 인식한다. 360년 마다 일운이 되돌아온다는 삼육갑설에서 하원갑이 지나면 새로운 상원갑이 다시 돌아오는 것으로 해석되기 때문이다. 그러나 상원갑과 하원갑을 이렇게 해석하면 안 된다는 주장도 이렇게 제기된다. "흔히 하원갑, 상원갑이란 표현을 소옹(소강절)의 원회운세설과 같은 것으로 오해하는 이가 많다. … 수운의 하원갑과 상원갑은 소옹의 상하원설과는 전혀 다르다. 온 시간의 절반을 상징하는 것일 뿐 실지 시간의 길이를 뜻하는 것은 아니기 때문이다."[83]

어떻든 하원갑과 상원갑은 시간의 흐름에 커다란 변화가 일어나는 변곡점인 것만은 분명하다. "하원갑 지내거든 상원갑 호시절에 만고 없는 무극대도 이 세상에 날것이니… 태평곡 격양가를 불구에 볼것이니… 이세상 무극대도 전지무궁傳之無窮 아닐런가."(『몽중노소문답가』) 바로 이것이 동학이 궁극적으로 그리는 이상향인 지상천국이다.

이처럼 상원갑의 시절에 새롭게 등장하는 무극대도의 종교가 바로 동학인 것이다. 동학의 역사관에서 역사의 커다란 마디를 가르는 기점이 되는 것이 바로 개벽인데, 이것은 '다시개벽' 즉 수운의 동학대각 이후로 시작된다는 후천개벽을 뜻한다.[84] 반면에 하늘과 땅이 처음 열린 선천개벽은 시원개벽을 뜻한다. 여기서 동학은 모든 사람이 시천주의 성인군자가 되

83) 표영삼, 『수운의 삶과 생각. 동학1』, 서울: 통나무, 78~79쪽.
84) 대각 이후란 대각 직후가 아니라 그 이후의 언젠가를 뜻하는 막연한 시점이다.

는 후천개벽에 더 커다란 의미를 두고 있다.[85]

③ 동학 운동의 한계

마지막으로 동학운동이 동양적 근대의 출발점이라는 앞의 언급에 대한 논리적 해명이 있어야 할 것 같다.

우선 '근대'란 말은 분명 서양사에서 온 것이다. 그러면 서양의 근대란 어떤 특징을 가지는가. 서양 근대사를 특징짓는 주요 코드인 합리성, 과학, 경제, 개인 등에서 가장 기본적인 것은 경제다.

'경제'economics란 '가계'household라는 뜻의 'oikos'에서 비롯되었다. 그런데 고대 그리스의 공동체에서 가장 중요한 것은 이러한 '집안의 일'이란 뜻을 가진 경제에서 해방되어 자유로운 상태에서의 행위를 뜻하는 '정치'politikos였다. 즉 경제가 아닌 정치가 인간의 참된 자유를 실현할 수 있는 장으로 인식되었다.

그러던 것이 중세에 들어 혈연과 특권, 전통과 관습 등 다양한 권위와 권력관계가 중심이 된 봉건질서가 중시되었다. 그러나 고대 그리스의 폴리스나 중세 유럽의 교회는 일종의 도덕 공동체라는 점에서는 다르지 않다. 여기서는 개인의 사적인 영역은 억압되고 도덕적 권위와 당위를 내세우는 공동체가 중심적 역할을 했다.

---

85) 신일철, 위의 책, 66쪽 참고.

근대로 접어들면서 전시대에 등한시되던 개인의 생명과 사유재산, 사적인 권리 옹호가 최대의 관심사가 되었다. 홉스, 로크, 아담 스미스 등에서 출발하여 마르크스에서 종합되는 근대 정치사상은 곧 이러한 관심사를 공식화한 것이다. 그럴 때 개인, 즉 시민의 권리를 보장하기 위한 법과 이 법을 보장하는 국가가 필요하게 된다.

근대국가는 이러한 역할로 인하여 복지국가라 한다. 복지국가가 제정한 근대 실정법은 그 구성원인 시민을 그 어느 힘에 의해서도 침해받아서는 안 되는 절대개인, 원자화된 개인으로서 고대와 중세에 중시되던 도덕공동체에 우선하는 존재로 보장한다. 이러한 개인을 철학적으로 정초한 것이 곧 데카르트의 코기토명제("나는 생각한다, 고로 존재한다.")를 통한 이성적 자아이며, 이 사유하는 자아res cogitans는 합리성의 존재다. 자아는 명실상부하게 세계의 중심에 설정된다. 자아의 사유는 자신의 존재만이 아니라 세계의 존재조차도 자유롭게 설정하는 것이다.

이성 혹은 합리성은 'ratio'로서 근거, 정초, 즉 자기자신에 대한 반성으로써 확보된다. 여기서 반성reflexion이란 빛을 안으로 비추어 밝게 한다는 뜻이다. 이렇게 어두운 것을 안으로 비추어 밝게 하는 것이 곧 계몽enlightment이다. 18세기의 서양 사상을 계몽주의라 하는 것은 이런 맥락에서다. 즉 고대와 중세에 신이나 세계이성 등의 권위에 근거한 도덕공동체가 아닌 인간, 그것도 사유하는 자아의 주체인 개인이 중심이 되어 자기를 내적으로 비춤으로써 그 힘으로 자기 이외의 모든 것까지 비추는 근거가 된다는 것이다.

그런데 이성의 합리성은 수학과 자연과학으로 입증되고 실현된다. 대륙의 합리론과 영국의 경험론은 수학과 자연과학을 철학적으로 논의한 것이라고도 할 수 있다. 그리하여 수학과 자연과학의 합리성은 근대적 절대개인의 권리와 이익을 보장하는 간접적 역할을 한다. 반면에 근대적 개인의 권리를 직접적으로 보장하기 위하여 마련된 것은 시민법으로 제도화된다. 그런데 이러한 근대적 법과 제도의 밑바탕에 깔려있는 것은 실은 사적 개인이 숨기고 있는 욕망이다. 그래서 근대철학을 종합한 헤겔은 근대 시민사회를 "욕망의 체계"라 한다. 그 결과 근대 시민사회는 빈곤과 소외, 폭력과 고통, 과잉생산과 실직을 양산할 수 있는 모순을 내포한다고 헤겔은 본다. 그것은 무엇보다 개인의 이기적 욕망이 불러올 수 있는 자기모순의 파괴성이며, 근대문명이 그 효율성과 과학성에도 불구하고 스스로 몰락할 수 있는 가능성을 내포하기 때문이다.[86]

동학운동의 근대성에 대한 논의는 바로 이와 관련시켜 시작할 수 있다. 서양의 근대성이 보여 준 한계성은 참된 공동체의 자유가 아닌 원자화된 개인의 욕망을 합리화시켜줄 수 있는 추상적 자유에 있다. 근대적 개인이 중시하는 것은 세속적 인

---

86) 함재봉, 『탈근대와 유교』, 서울: 나남출판 1998, 121~140, 292~294쪽 참고.

간의 삶이며, 더욱이 개인적, 이기적으로 편향된 삶이다. 이에 반해서 동학의 시천주에 나타난 인간은 처음부터 하느님과의 내면적 연관성을 가진 신적인 존재로 그려진다. 내면적으로 언제나 하느님을 모신, 인의예지를 성경誠敬으로 지켜내는 완성된 인격의 소유자이며 그러한 사람들이 살아가는 지상천국을 희구하는 실천적 인간이다. 서양의 근대적 인간관이 물욕에 찌든 자기모순적 존재로서 빈곤과 실직, 과잉생산과 폭력, 소외와 착취를 낳도록 했다는 점과 좋은 대조를 이룬다.

동귀일체를 체현한 시천주 인간은 자신의 내면적 본질이 하느님의 마음에 닿아 있음을 자각하여 모든 인간이 하느님 앞에서 평등하다는 근대적 자각을 하기에 이른다. 이를 바탕으로 급기야 민족주의운동을 전개하게 된다. 이것이 극대화되어 나타난 것이 동학혁명이다. 동학혁명은 밖으로는 반외세, 반봉건과 자주의 기치를 내걸고, 안으로는 정치개혁과 경제적 평등, 자유를 기치로 내걸었다. 말하자면 자기의 안과 밖에 걸친 총체적인 변혁을 이루어내는 것이 동학혁명의 궁극적 목표다.

더욱이 수운은 분명하게 후천개벽의 새 시대를 여는 시천주를 선포하여 하느님의 무극대도가 장차 동방 조선 땅에서 날 것임을 천하에 알렸다.(1:8:21~22) 이것은 서양의 근대와는 질적으로 다른 동양적 근대, 즉 경제적 욕망에 사로잡힌 소시민적 자아가 아니라 절대자 하느님과 우주적 합일에 도달한 시천주적 자아가 밑바탕이 된 새로운 근대의 출발인 것이다.

그럼에도 불구하고 그는 우주의 주재자 상제님에 대하여 제대로 인식하지 못함으로써 상제님으로부터 "네가 어찌 상제를 알지 못하느냐!"는 질책을 들었다. 그래서 그는 "능히 유교의 테 밖에 벗어나 진법을 들춰내어 신도와 인문의 푯대를 지으며 대도의 참빛을 열지 못했다."(2:30:15) 비록 수운이 무극대도의 주인인 상제님이 이 땅에 강세할 것임을 알린 선각자였으나 유가로서의 한계점과 시대적 한계점은 어쩔 수 없었다. 동학의 내면 정신을 이어받아 새로운 도를 펼칠 참동학(증산도)이 나와야 할 당위성이 바로 여기에 있는 것이다.

IV

인간으로 오신
상제님의 후천선경 건설

1. 선천세상에 대한 상제님의 진단

위에서 마테오 리치가 동양의 문명신을 거느리고 서양으로 건너가 건설한 지상천국이라는 근대문명에는 긍정적이고 밝은 면에 못지 않게 부정적이고 어두운 면이 있음을 밝혔다. 증산 상제님은 "이 문명이 물질과 사리에만 정통했다"(2:30:9)고 비판했다. 나아가 "모든 죄악을 꺼림 없이 범행하여 삼계가 혼란해졌다"(2:30:9~10)고 탄식했다. 앞에서 우리는 이런 관점에서 다시 한번 동양의 근대는 물론 세계의 근대를 열었다는 동학을 통해서 서양의 근대가 가지고 있는 한계점을 재조명했다.

① 상제님의 강세

마테오 리치와 동학의 최수운을 포함하여 지금까지 살펴 본 유토피아 사상, 지상천국론은 결국 하늘에 계신 아버지 하느님이 직접 지상에 강세하여 천국을 건설하기 위한 여정이었다. 거기에는 그럴 수밖에 없는 우주론적인 배경이 있다. 선천의 유토피아론에 결여된 것은 바로 이것이다. 그것은 우주에도 우리가 살고 있는 지구에서와 같이 춘하추동이라는 사계절이 있다는 것이다. 그리고 결정적으로 중요한 것은 지금 이 시점이 우주의 늦여름에서 가을로 넘어가는 하추교역기라는 사실이다.

우주의 여름에서 가을로 넘어가는 이 시기에는 "후천개벽"

이라는 우주적 대격변이 일어난다. 이 사건은 천지인 삼계에 걸쳐 동시다발적으로 일어난다. 그 결과 새로운 우주가 탄생하는데, 그 과정에서 거의 모든 생명들이 멸절되는 비극이 연출된다. 이 비극을 막을 수 있는 존재는 오직 온 우주의 주재자뿐이다. 이 분은 동양에서 일찍이 받들어 온 상제, 옥황상제, 미륵으로서 서양 기독교에서는 아버지 하느님으로 불리는 우주 최고의 신이다. 그런 분이 인간의 몸으로 지상에 강세한다. 그 분은 예로부터 신교의 전통에 따라 신을 잘 모셔 온 동방 조선의 땅에 강세했다. 그것은 후천개벽으로 인한 인류의 비극을 막아내어 지상에 새로운 천국을 건설하기 위함이다.

지상에 강세한 우주 주재자는 육신을 입고 오셨기에 증산甑山이라는 도호道號를 가진 증산 상제님으로서 한 인간으로서의 삶을 살며 천지공사天地公事라는 우주 대업을 달성하셨다. 천지공사는 한마디로 개벽이라는 우주적 사건을 무사히 넘기고 새로운 세상, 진정한 지상의 천국을 열기 위한 전무후무한 우주 개조 프로그램이다. 이 프로그램은 어떤 구조를 가지는가?

먼저 하늘에는 조화정부造化政府라는 신명들의 조직을 결성해서 지상에 절대적 영향을 주는 하늘나라의 질서를 바로잡는다. 그리고 땅에서는 인간 삶의 모체이자 역사 질서의 기틀을 이루는 지운地運을 바로잡아 땅의 새로운 질서가 펼쳐질 수 있는 기틀을 마련한다. 마지막으로 인간계에서는 세운世運과 도운道運이라는 두 질서를 바로잡아 지상에서 인간의 삶이 새로운 운으로 전개될 수 있도록 한다. 세운이란 세계사의 운로, 구체적으로는 세계 정치 질서의 운로이며, 그러한 미래의 세계사를 도수로 질정해 놓은 것을 세운공사라 한다. 도운이란 도의 운로, 우주 주재자인 상제님의 도가 전개되는 역사를 말하며, 이를 도수로 짜는 것을 도운공사라 한다.

증산 상제님은 천지공사를 마친 1909년 어천하셨으며, 이후로 전개되는 모든 일은 천지공사의 도수에 따라 일어나게 된다. 그러나 앞으로 오게 될 개벽을 막을 수는 없고, 단지 슬기롭게 받아들이고 극복해야 한다. 지축정립을 필두로 하는 자연개벽은 후천개벽의 신호탄이라고 할 수 있다. 이로 인해 지진과 해일 등 각종 자연재해는 자칫 지상의 생물을 멸종하게 만들 수도 있는 고강도의 것이다. 동시에 인류 전쟁사의 마지막이 될 천지전쟁이 일어나 인류를 자멸의 공포로 몰아넣게 된다. 그러나 핵전쟁과 같은 비극적 사건은 터지지 않도록 상제님께서 도수로 짜놓으셨다. 마지막으로 약과 치료가 불가능한 병겁이 창궐하게 되어 전쟁을 중단시키면서 수많은 생명을 앗아가게 된다.

이러한 비극적 상황을 무사히 건널 수 있는 법방은 없는 것일까? 그러한 법방이 없는 것은 아니다. 증산 상제님의 의통醫統법이 바로 그것이다. 의통이란 '살려서 통일한다'는 뜻으로 개벽기 병겁에서 상제님의 조화법으로 죽어가는 생명을 살려내어 온 천하를 통일한다는 의미다. 의통에는 유형의 의통인

패와 무형의 태을주가 있다. 이렇게 하여 진정한 성부 하느님의 지상천국 시대를 위한 토대가 마련된다.

② 우주의 가을 개벽

이제 우리의 본래 주제인 지상천국 실현의 문제로 되돌아가서, 근대문명을 구체적으로 어떻게 진단할 것인가 하는 문제부터 다루어야 한다.

근대문명의 이러한 면을 진단하고 처방하려면 그것을 심도 있게 분석해야 할 것인데, 그 방법 중의 한 가지는 우주의 변화운동이라는 커다란 흐름 가운데서 차지하는 근대 문명, 혹은 근대라는 일반적 흐름을 되짚어 보는 것이다. 그것은 범지구적 현상은 그것을 포괄하는 우주의 사계라는 거시적 관점에서 비로소 제대로 진단할 수 있다고 보기 때문이다.

우주의 사계라는 거시적 시각에서 보면 근대에 이미 우주의 가을로 들어서는 단초가 마련된다고 볼 수 있다. 그렇다면 근대의 부정적이고 어두운 면은 이런 관점에서 조망할 수 있다. 따라서 여기에 증산도의 우주관, 시간관의 핵심을 이루는 우주일년(Cosmic Year)이라는 거시적 관점을 도입하고자 한다. 이러한 거시적 관점에서 근대문명의 정확한 좌표를 읽어낼 수 있고, 이 문명을 건설한 근대 인간, 나아가 선천 인간의 진면목을 다시 한번 새로운 시각으로 분석할 수 있을 것이다.

이러한 기시적 관점에서 우주의 변화 운동을 설명하고 이는 한동석이다. 한동석에 의하면, 우주는 항상적 운동을 하면서 목적 활동을 한다. 그런데 그 활동은 인간과 같은 사리사욕이 아니라 공리와 공욕에 의한 "무목적적 목적"이다.[87] 사심이 없기 때문에 우주는 한결같이 법칙적인 운동만을 영원히 계속할 뿐이다. 따라서 우주에는 원칙적으로 무질서라는 것이 있을 수 없다. 그러나 동시에 이러한 우주에도 자세히 보면 질서 가운데 무질서가 있고, 무질서한 가운데 질서가 있다고 한동석은 말한다. 즉 거시적으로 보면 우주는 질서정연하지만 미시적으로 보면 작은 무질서가 있다는 것이다. 여기서 무질서란 우주가 음양운동이라는 정상성을 상실하여 음양작용에 일종의 고장이 생기는 변고變故를 말하는데, 이것은 우주의 본질이 변한다는 뜻이다. 그러나 동시에 우주 자체의 관점에서 보면 이것은 아주 경미한 고장이며, 우주가 능히 감당할 수 있는 정도로서 전체로서의 우주 운동에 결정적인 문제를 일으키는 것은 아니다.

그러나 이러한 우주적 영향이 아무리 우주 자체에는 경미한 것에 지나지 않는다고 하더라도 그것이 지구에 미칠 때는 엄청난 결과로 나타난다. 이것은 일시적으로 과도한 양陽이 형성되어 일어나는 "운의 태과부족太過不足" "양의 과항過亢" 혹은 "기의 승부勝負" 등으로 표현되는 현상들이다. 쉽게 이해하자면 지구가 물리적으로 더워지는 현상은 물론, 이와 더불어 문

---

87) 한동석, 위의 책, 279쪽 참고.

명이 급속도로 발전함으로써 나타나는 여러 가지 부조리한 사회병리적 현상들이 이에 속한다. 그리고 이런 현상을 직접적으로 일으키는 원인이 되는 인간의 욕망도 마찬가지다.

그러나 그럼에도 불구하고 전체적으로 우주는 조화작용을 한다. 즉 우주는 작용의 전체에서 조화, 즉 평형을 유지하고자 하는 목적(무목적적 목적, 공욕)을 가진다. 이로 인해 우주의 운동에는 생장염장이라는 네 마디 가운데 선천과 후천이라는 큰 마디가 생기는데, 이것은 우주의 고장을 흡수해 전체의 질서를 재창조하기 위한 장치이다.

> ▪ 선천에는 음을 체로 하고 양을 용으로 삼았으나 후천에는 양을 체로 하고 음을 용으로 삼느니라.(5:21:6)

그런데 우리가 살고 있는 이 때는 후천이 막 시작되는 우주 가을의 문턱이다. 이 가을의 시작과 더불어 커다란 변화가 일어나는데, 그것이 바로 가을개벽이다.

> ▪ 천지대운이 이제야 큰 가을의 때를 맞이하였느니라. (7:38:4)
> ▪ 이제 온 천하가 대개벽기를 맞이하였느니라.(2:42:1)

선후천, 대개벽 등은 그야말로 거대담론이다. 이것을 피부에 와 닿게 설명하지 않으면 공허하고 형식적으로 들릴 수밖에 없다. 이러한 선천말의 우주적 현상을 설득력있게 설명할 수 있는 좋은 모델은 근대와 근대 이후에 전개된 문명적, 사회적 변화, 인간성의 급격한 변화이다. 선천말은 곧 후천이 시작하는 시점이다. 그러므로 선천말의 부정적 현상은 후천의 긍정적이고 새로운 시작을 위한 것이다.

▪이 때는 천지성공시대라. 서신西神이 명을 맡아 만유를 지배하여 뭇 이치를 모아 크게 이루나니 이른 바 개벽이라.(4:21:1~2)

▪내가 이제 후천을 개벽하고 상생의 운을 열어 선仙으로 살아가는 세상을 만들리라.(2:18:3)

선천의 우주는 그 자체가 기울어진 불완전한 모습을 하고 있기에 여러 가지 부작용을 낳는다. 특히 선천말에는 우주조차도 감당하기 힘든 현상들이 한꺼번에 일어나서 우주의 주재자 상제님이 직접 인간으로 오시어 이 문제를 해결하지 않으면 안 될 정도로 심각하다. 특히 우주적 현상이 지구에 가져온 결과는 너무나 심각한 것이다. 그 가운데 가장 심각한 것이 다름 아닌 근대문명의 부작용이다.

③ 근대문명의 부작용

위에서 천국모형을 본떴다는 서양 근대의 과학문명의 갑작스런 출현과 발전, 그리고 그 폐해상을 어떻게 설명할 것인가 하는 문제를 제기한 바 있다. 그래서 도입한 것이 지금껏 살펴본 우주의 음양운동이라는 거시적인 관점이다. 이것은 우주 운동의 과정에서 하추교역기에 생기는 "뿌리 없는 불"(인신상화寅申相火[88])이란 현상으로 요약된다. 이것은 "천도에서는 모순과

---

88) 한동석, 위의 책, 235쪽 참고.

대립을 일으킬 요인이 있고, 인도에서는 사치와 타락의 시운이 흐르게 되는 것"[89]이다. 요컨대 천도에서 일어난 모순과 대립이 인도에서는 사치와 타락이라는 현상으로 나타난다는 것이다.

이렇게 나타난 근대문명의 명암은 우주 운동의 일환이라는 거시적인 관점에서 접근할 수 있는 객관적 현상이다. 즉 근대문명의 폐해는 우주적, 거시적 관점에서 보면 꼭 거치지 않으면 안 될 필연적 과정이다. 이 과정이 없다면 우주의 음양운동 자체가 불가능할 것이며, 그렇게 되면 우주 운행에 심각한 변고가 생겨나 지구가 엄청난 재앙을 겪게 될 것이다. 그래서 근대문명의 어두운 면은 이런 관점에서 새롭게 접근할 필요가 있다.

한편으로 보면 근대문명은 분명 인류에게 최상의 선물을 제공한 것이 사실이다. 역사에 미친 그 영향은 가히 심대하다고 할 것이다. 그러나 그 반대급부 역시 심각한 악영향을 미쳤다. 현대의 소위 문명비판가들의 주장은 이와 일치한다. 그것은 위에서 살펴 본 바 우주원리로도 설명이 되는 현상이다. 이것을 증산 상제님은 이렇게 꼬집었다.

  ▪ 그러나 이 문명은 다만 물질과 사리에만 정통하였을 뿐이요, 도리어 인류의 교만과 잔포를 길러 내어 천지를 흔들며 자연을 정복하려는 기세로 모든 죄악을 꺼림 없이 범행하니 신도의 권위가 떨어지고 삼계가 혼란하여

---
89) 한동석, 위의 책, 240쪽.

천도와 인사가 도수를 어기는지라.(2:30:9~10)

　이러한 현상이 일어나도록 한 것은 구체적으로 무엇인가? 근대에 들어 자연과학은 새로운 방법, 특히 귀납법을, 수학은 연역법을 동원하여 자연 현상을 체계적으로 연구하기 시작하였다. 그리하여 자연과학은 폭발적으로 발전하여 "과학혁명"이 일어났다. 너무나도 갑작스러운 이 현상은 합리적으로는 도저히 설명이 되지 않기 때문에 위에서는 『도전』을 빌어 지하신이 천상에서 받아 내린 "알음귀"에 그 열쇠가 있다고 설명한 바 있다. 그 배경은 무엇인가?

　자연 현상에 대한 체계적인 이해와 정보의 지속적인 축적은 단순히 자연을 이해하는 차원에서 만족하지 않고 그것을 이용하고 지배하는 방향으로 급진전된다. 왜 그런가?

　근대 경험론의 단초를 마련한 프란시스 베이컨F.Bacon (1561~1626)은 "아는 것이 곧 힘이다!"(Knowledge is power!)라고 설파했다. 여기서의 앎이란 곧 자연법칙에 대한 체계적인 인식이며, 힘이란 자연을 지배할 수 있는 힘, 나아가서 문명을 건설하고 발전시킬 수 있는 힘이다. 그래서 자연에 대한 인간과 과학의 지배가 핵심을 이루게 된

－프란시스 베이컨F.Bacon
(1561~1626)

다. 그런데 여기서 지배란 단순한 이해나 이용과는 질적으로 다른 것이다. 자연의 단순한 이해와 이용에는 자연에 대한 침해와 파괴가 그리 많이 따르지 않는다. 반면에 자연의 지배에는 필연적으로 침해와 파괴가 따를 수밖에 없다. 예컨대 자연을 이해하기 위해서 자연을 대상으로 실험과 관찰을 하는 것은 자연을 심각하게 침해하거나 파괴할 필요가 없다. 단지 자연의 샘플을 취하여 관찰과 실험을 함으로써 가능하다. 그런데 자연을 지배한다는 것은 댐을 만들고 산을 무너뜨리며, 폐수를 배출하고, 매연을 내뿜는 등 인간의 필요를 위하여 자연을 완전히 수단으로만 취급함으로써 자연의 면모를 완전히 뒤바꾸고 나아가 파괴하게 된다. 인간은 자연의 순리에 따르는 것이 아니라 그것에 역행하여 자신의 목적을 성취하는 수단으로 삼는다. 자연에 대한 실험과 관찰은 자연에 대한 체계적인 지식인 과학의 발달을 가져오고, 또 이것은 자연을 지배하는 실질적인 힘인 기술의 진보를 초래하게 된다. 그러므로 근대과학의 발달은 간접적으로 자연의 이해만이 아니라 그 지배와 파괴에도 깊숙이 관여한다는 결론에 이른다.[90]

더 심각한 것은 이러한 자연 지배와 파괴의 정도가 날로 심해졌다는 것이다. 그래서 급기야 그 도度를 넘게 되었다. 그것

---

90) 이렇게 본다면 자연과학과 기술은 동전의 양면과도 같은 밀접한 관계를 가진다. 그러므로 크게 보면 양자는 같은 것이며, 자연과학이라는 범주에 기술까지도 암암리에 포함될 수도 있는 것이다.

은 근본적으로 인간의 욕망이 그칠 줄을 모르기 때문이다. 보통 하나의 욕망이 생기면 그것을 만족시키기 위해 약간의 파괴만을 필요로 하지만, 이 욕망이 채워지면 더 큰 욕망이 생기게 되므로 이 욕망을 채우기 위해서는 더 많은 파괴를 필요로 하게 된다... 등등. 지칠 줄 모르는 인간의 욕망과 이를 만족시키기 위한 자연과학과 기술이 몰고 온 결과이다. 자연을 지배와 정복의 대상으로 간주하는 근대 자연과학의 배후에는 이처럼 인간의 무한한 욕망이 도사리고 있는 것이다. 이 욕망에 봉사하는 것이 이른 바 과학만능주의Scientisism이다.

과학만능주의란 과학의 힘을 맹신한 나머지 과학이면 안 되는 일이 없다고 믿는 사고방식이다. 근대과학의 재난은 바로 이 사고방식에서 비롯된다. 근대의 과학자나 그 성과를 이용하려는 기술자, 자본가, 심지어 다른 분야의 학자들도 여기에 감염된 경우가 적지 않다.

그러나 근대과학이 한창 꽃피고 근대인들이 과학만능주의에 빠져있을 때, 이것을 견제하며 대안을 제시하는 사상 조류가 없었던 것은 아니다. 독일관념론의 주요 인물인 쉘링과 헤겔, 또 낭만주의의 중심 인물인 괴테가 그 대표자이다. 낭만주의Romanticism로도 불리는 이 사조는 인간의 차디찬 이성만을 중시하는 계몽주의 사조의 문제점을 비판하여 인간의 개성과 내면, 그리고 자연의 위대성을 강조했다.[91] 이 사조의 입장에

91) 낭만주의는 한편으로 고전주의에 대한 반동으로 탄생했다. 고전주의가 정형

서 볼 때, 이성주의와 계몽주의는 자연을 대상화하여 인간 주체로부터 분리한 후 그 자립성을 박탈해 버리는 문제점을 안고 있다. 말하자면 자연과학을 절대화하는 것이 곧 계몽주의인 것이다. 그리하여 계몽주의는 결국은 인간중심주의로 쉽사리 환원되는 것이다. 객관을 절대화함으로서 결국 주관도 절대화되는 것이다. 낭만주의는 바로 이 점을 비판한 것이다. 그러나 이 비판이 흥미롭고 매우 의미있음에도 불구하고 결코 시대의 대세인 계몽주의의 힘을 무력화시킬 수는 없었다. 인간의 원초적 욕망을 없앨 수는 없었던 것이다.

증산 상제님에 의하면, 근대문명은 "도리어 인류의 교만과 잔포를 길러 내어 천지를 흔들며 자연을 정복하려는 기세로 모든 죄악을 꺼림 없이 범행"(2:30:9~10)했다. 그러나 이런 현상이 나타날 수밖에 없었던 우주론적 이유는 앞에서 이미 설명했다. 즉 태양이 천경에 반사되어 지구로 쏟아져 상화相火라는 뿌리 없는 불이 될 때, 지구에는 상극의 불꽃이 극에 달하게 된다. 서양 근대문명의 화려한 업적과 동시에 그 극단적 폐해상은 바로 상화가 토해내는 상극의 불꽃인 셈이다.

화된 형식을 중시하는 데 반해서 낭만주의는 창조적 상상력을 중시했다. 다른 한편으로 낭만주의는 계몽주의와 대립한다. 계몽주의가 감각과 이성을 중시하는 데 반해서 낭만주의는 창조와 상상력을 중시한다. 이성주의의 대표자로 알려진 칸트조차도 실은 낭만주의의 정신과 맞닿아 있다고 할 수 있다. 세계의 본질인 물자체는 이성으로 파악될 수 없다는 것이 칸트 철학의 핵심이기 때문이다. 김진수, 『우리는 왜 지금 낭만주의를 이야기하는가』, 서울: 책세상 2001, 24~33 참고.

그러면 이러한 도도한 시대 조류에 대해서 어떻게 대처할 것인가? 이것은 인류가 시급히 해결하지 않으면 안 되는 일대 과제가 아닐 수 없다. 이에 대해서 증산 상제님은 다음과 같은 의미심장한 말씀을 내리셨다.

■ (상제님께서) 말씀하시기를... "서양 사람이 발명한 모든 문명이기를 그대로 두어야 옳겠느냐, 거두어 버려야 옳겠느냐?" 하시니..."네 말이 옳으니 그들의 문명이기는 하늘로부터 내려온 것이니라." 하시고 "옛것을 그대로 지키고 있으면 몸을 망치고 새 기운을 취하면 몸도 영화롭게 되나니 나의 운은 새롭게 바꾸는 데 있느니라." 하시니라.(5:340)

서양의 근대문명은 인류로 하여금 죄악을 범행케 한, 물질과 사리에만 정통한 한계점을 가지고 있지만 그 근원은 천국의 문명이다. 그러므로 근대 과학문명의 병폐를 보완하고 새로운 과학으로 개혁하면 인간의 행복에 적극적으로 기여할 수 있는 이로운 수단이 될 수 있다. 근대문명의 폐해상과 어두운 면이 있는 것은 사실이지만 그것을 슬어 없앨 수도 없으려니와 그 긍정적인 밝은 면을 잘 살린다면 인류의 행복에 크게 기여할 것이다.

그러므로 후천의 신천지에 건설되는 지상천국에서는 근대

과학이 새로운 모습으로 등장하여 전시대의 병폐를 벗어나 인간의 행복한 삶을 적극적으로 증진할 수 있는 수단이 된다. 이로서 미래할 새로운 과학의 방향을 가늠해볼 수 있다.

④ 선천말의 인간

근대문명이 비록 천상문명을 이식해 놓은 것이라고 해도 우주 운행의 불완전성, 즉 인신상화라는 뿌리 없는 불로 인해서 자연과 타자에 대한 공격성과 지배의식이 나타나 급기야는 "삼계를 혼란케 하여 천도와 인사가 도수를 어기게 되"었다. 그런데 천도가 그러할지라도 현실적으로 문명을 건설한 장본인은 어디까지나 인간이다. 즉 문명을 건설한 인간이 그 문명에서 발생한 문제점에 대한 일차적 책임이 있다는 것이다. 그렇다면 이 시대의 인간은 도대체 어떻게 살아가고 있는 것일까?

보통 인간은 이성적 존재라고 한다. 다른 동물이나 식물, 사물 등에 비해서 인간이 가지고 있는 가장 주목할 만한 특징을 이성으로 보는 것이다. 그러나 인간을 만물의 영장이라 하여 인간이 이 우주 내에서 가지는 특별한 지위를 차지하기는 하지만 현실적으로는 인간 역시 우주의 절대적 영향을 받고 살아가는 의존적이고 나약한 존재이다. 우주가 음양운동을 하면서 태극-무극 운동을 계속하여 우주 정신을 창조하듯이, 인간 역시 그러한 운동을 하면서 인간 정신을 창조하는 것이다. 이성은 바로 이러한 바탕에서 생겨난다.[92] 인간의 정신이 무엇인지를 알게 되면 선천말 인간의 실상을 알게 된다. 그러면 정신이란 무엇인가?

서양의 정신론을 대표한다고 할 수 있는 헤겔은 주로 형이상학적 관점에서 정신을 분석했다. 그런데 동양의 정신론은 본질적으로 의학적이고 생리학적이다. 이에 따라 여기서는 정신을 생리학적인 관점에서 접근해 본다.

인간의 정신精神은 한마디로 생리적이고 정신적인 조화를 추구하는 활동이다. 이런 조화 작용을 다른 말로는 토화土化작용이라고도 하는데, 여기에는 두 가지 길이 있다. 첫째는 생리적인 조절(육체적인 면)이요, 둘째는 정신적인 조절(정신적인 면)이다.

먼저 생리적인 조절이란 자연의 때에 맞추어 사는 것이다. 예컨대 봄여름에는 일찍 일어나서 늦게 잠자리에 들어야 하고, 가을겨울에는 늦게 일어나서 일찍 자야 몸에 이롭다. 그것은 봄여름에는 양기운이 발생하는 시기이므로 일찍 일어나고 되도록 늦게 잠자리에 듦으로서 많은 양기운을 받아야 하고, 반대로 가을겨울에는 양기운이 소멸하는 시기이므로 가능한 한 늦게 일어나 일찍 잠자리에 듦으로서 되도록 양기운의

----

92) 한동석, 위의 책, 270쪽 참고. 여기서 저자가 말하는 이성이란 '지적 분별력' 정도로 이해하면 좋을 듯하다. 혹은 '합리적 추리능력'으로 보아도 좋을 듯하다. 즉 서양철학에서 전문적으로 말하는 철학적 이성보다는 상식적 차원에서 인간을 다른 동물과 대비시킬 때 나타나는 특징을 일컬어 이렇게 부르는 것이다.

소모를 줄이려는 것이다. 이렇게 봄여름의 생장과 가을겨울의 성숙은 분열과 통일을 반복하는 것이며, 이러한 조화로운 운동에서 원활한 조화(토화)운동이 일어난다. 인간이 이를 어기는 것은 자연적 삶의 율동을 거역하는 해로운 것이다. 즉 과로는 양기를 소모하게 되어 토의 작용을 위축시키게 된다. 그것은 육신의 구성 요소의 대립을 조절할 수 있는 기능을 상실하는 것이고, 그것은 결국 육체의 균형을 무너뜨리게 된다.[93]

다음으로 정신적인 조화의 길은 식생활에서 출발한다. 인간이 몸과 정신을 가진 존재라면 당연히 물질만이 아니라 정신도 분석의 대상으로 하여야만 건강의 균형을 유지하는 데 유익할 것이다. 자연과학적으로 분석해서 얻은 물질적 원소가 아닌 정신적인 인자인 인소因素가 바로 정신학적 분석에서 얻은 것이다.[94] 그러면 인소란 무엇인가?

인소는 정신학적으로 분석하여 얻은, 음식에 포함되어 있는 정신적인 최소 단위이므로 과학만으로는 찾아낼 수 없다. 즉 물질적 데이터로 환원할 수 없는 존재 방식을 가지는 것이다. 예컨대 인삼이나 녹용은 과학적으로 분석이 잘 되지 않지만 인소가 들어있기 때문에 신이한 효과가 있는 것으로 보아야 한다. 즉 인간의 몸이 요구하거나 영양학적 근거는 알 수 없지만 복용해서 반복적으로 좋은 결과가 나오면 바로 거기에 인

---

93) 한동석, 위의 책, 274~275쪽 참고.
94) 한동석, 위의 책, 276쪽 참고.

소가 들어있다는 증거다. 예컨대 어떤 사람은 라면이나 화학조미료, 심지어는 소금을 계속적으로 다량 섭취하여도 신기하게도 건강상의 아무런 문제가 없고 또 본인이 매우 좋아하는 경우를 본다. 자신의 몸이 요구하는 것을 충실히 따른 즉 이런 현상이 나타나는 것이다. 물론 예외의 경우도 없지 않다. 즉 조화작용이 깨져서 몸이 비정상적인 사람에게는 자신의 몸에 좋지 않은 영양소를 과다하게 요구하는 경우도 종종 있는 것이다. 예컨대 당분이나 지방을 너무 많이 섭취하면 비만해질 수도 있다. 이 경우 몸이 요구하는 것이라고 모두 응해서는 건강을 망쳐 조화(토화)작용은 커녕 도리어 몸이 대립과 투쟁의 장이 될 것이다. 그러나 여기서 말하고자 하는 것은 이런 예외적인 경우가 아니라 정상적인 몸을 전제로 말하는 것이다. 몸이 요구하는 것을 충실히 따른 즉 몸에 좋다는 것은 과학적으로는 전혀 이해할 수 없는 현상이지만 이런 관점에서는 수긍이 간다. 그것은 동양의학이 단순한 자연과학이 아니라 정신학의 도움을 받아 동식물의 생리현상을 물질과 정신이라는 두 방면의 상象을 포착하여 그것을 생리작용에 응용하는 데 성립하기 때문이다. 말하자면 동양의학은 어떤 식으로든 물질과 정신에 대해 보편적인 영양소를 동시에 공급하려는 데 그 주안점이 있는 것이다. 이로써 동양의학은 앞에서 말한 인체의 조화(토화)작용을 원활하게 하기 위한 것으로 볼 수 있다. 이렇게 인간은 기거와 식생활을 통해서 인체의 조화작용이 잘 일어나도록 해야 하며 그것이 자연의 질서에 순응하는 것이다.

그런데 인간은 육신만이 아니라 정신을 가진 존재다. 정신 역시 몸과 마찬가지로 늘 어떤 활동을 하고 있다. 정신은 일차적으로 늘 정욕情慾과 탐욕貪慾으로 갈등을 겪고 있다. 정욕이란 감정이 일으키는 욕망으로서 주로 청소년기에 일어나는 미색이나 승리, 혹은 특출난 존재에 대한 흠모 등을 말하며, 탐욕이란 주로 노장기에 일어나는 부귀와 명예, 지위 등의 욕망을 이른다. 정욕은 어떤 특정한 대상에 대한 지나친 감정이며, 탐욕은 주로 그러한 대상을 소유하고자 하는 지나친 욕망이다. 이러한 욕망은 조화를 해치게 된다. 이런 욕망은 삶에 반하는 죽음의 길이요 선을 버리고 악을 취하는 무지한 일이지만 인간은 이 길을 벗어나지 못하고 있는 것이 엄연한 현실이다.

앞에서 말한 생리적인 조절은 인간의 자력으로 어느 정도 가능하다. 그러나 정신활동에 있어서의 욕망의 제거는 인간이 실행하기에는 너무나 어려운 영역이다. 더욱이 근대 이후 인구의 증가와 물질생활이 윤택해지면서 사치풍조[95]가 만연하기 때문에 더욱 그러하다. 근대사회의 어두운 면을 샅샅이 분석해 낸 헤겔은 "사치야말로 인간 욕망의 추상화"라고 하였다. 즉 사치는 계속해서 더 높은 사치를 추구하지만 결코 궁극적 만족에 이르는 일이 없다는 것이다. 그래서 그는 근대 시민

---

95) 이상률 옮김, 베르너 좀바르트 지음, 『사치와 자본주의』, 서울: 문예출판사 1997 참고.

사회의 근본 특징을 "욕망의 체계"[96]라 하였다. 욕심은 점점 더 커다란 욕심을 부르는 속성이 있으며, 인간의 힘으로는 이 경향을 억누르거나 막아낼 방도가 없는 것이다. 예전 사회주의 사회에서 인간의 욕망을 최대한 억눌렀더니 억눌린 인간의 욕망이 지하에서 다시 살아나 지하경제와 다른 악을 양산했다는 사실은 잘 알려져 있다.

그러나 욕망이라고 해서 다 해로운 것은 아니다. 욕망에는 공욕公慾과 사욕私慾이 있다. 공욕은 자기가 아닌 국가나 사회, 인류를 위한 욕망이요, 사욕은 자기나 가족을 위한 것이다. 순수하게 공욕만을 가지는 것은 오직 우주 밖에 없다. 우주 정신에 온전하게 동참하는 성인 등 인격의 완성자라면 어느 정도 공욕을 가질 것으로 본다. 만물의 생명활동이 원활히 일어나도록 하기 위한 운행을 끊임 없이 반복하는 것이 우주의 공욕이다. 반면 사욕은 부귀나 영화, 지위, 재물 등에 대한 탐욕으로 개인의 이기적인 목적에 따른 것이다. 근대의 비판철학자 칸트는 이것을 인과율과 목적율로 대비시켜 설명했는데, 여기서 인과율은 무목적의 목적이라는 뜻의 공욕을, 목적율은 사적인 목적에 부응하는 것이다.[97] 이렇게 되어 인간은 악의 구렁텅이로 빠져드는 생활을 하는 것이 오늘의 현실임을 부정할 수 없다.

이처럼 악이 현실이라면 인간은 과연 선한가, 악한가? 역사

---

96) Hegel, G. W. F., *Philosophie des Rechts*, 참고.
97) 한동석, 위의 책, 279쪽 이하 참고. Kant, I., *Kritik der Urteilskraft*.

적으로 이른 바 성선설과 성악설논쟁이 얼굴을 바꾸어 가면서 점철되어 왔다. 성선설은 인간이 본래 선한데 후천적인 환경으로 인하여 악하게 되었다고 주장한다. 성악설은 인간이 본래 악하기 때문에 이것을 잘 다스려야 한다고 주장한다. 그런데 지금의 우리 논의의 맥락에서 보면 인간은 선과 악의 가능성을 동시에 가지고 있는 중립적 존재로 보아야 한다. 인간은 근본적으로 선과 악을 선택하지 않으면 안 되는 상황 속에 살기 때문이다. 그러나 상황 자체가 선이나 악을 강요할 수 있다. 인간은 이 상황 자체를 벗어날 수는 없다.

그러면 이러한 본성이 현실적으로 악으로 기울어지고 사회에서 악이 판을 치는 이유는 무엇인가? 인간 안에서만 그 원인을 찾는다면, 위에서 이미 밝혔듯이 원활한 조화(토화)작용이 일어날 수 있는 충분한 상태의 몸을 가지지 못한 인간의 "타고난 바의 협착狹窄한 형체形體"[98] 때문이다. 즉 인간의 몸이 우주의 조화작용을 담아내기에는 너무나 제한되어 있다는 것이다. 파스칼이 인간은 나약한 갈대와도 같다고 한탄했듯이, 인간은 근본적으로 나약하기 때문에 상황을 벗어날 수 없는 한계점을 가지는 것이다. 그리고 인간 밖에서 그 원인을 찾는다면 선천 말에 지구에 충만한 상화라는, 뿌리 없는 불로 인한 것이다.

인간의 탄생과 죽음을 고찰해 보면 태아 상태에서는 조화(토화)작용이 왕성하기 때문에 순수성을 유지하지만 태어나서 형

---

98) 한동석, 위의 책, 280쪽.

화작용(즉 형체가 굳어지는 현상)이 일어나게 되면 점차 악이 개입하게 되어 그 순수성이 사라지고 죽음을 위한 형체의 경화가 시작되는 것이다. 이로써 인간이 왜 악으로 타락하게 되는가 하는 문제에 대한 답이 주어지게 된다. 즉 인간의 육신은 선천적으로 우주와 같은 완전한 운동을 할 수 없는 한계를 가진다. 그것은 음양과 토화라는 조화작용이 마음대로 일어날 수 있는 장소가 우주에 비해서 지나치게 좁다는 것을 뜻한다. 인간에게 욕심이 날로 성해지는 것은 바로 이런 이유에서이다.

인간에 있어서는 노장년에 탐욕이 생기고, 청소년기에 정욕이 생긴다. 더구나 사회의 환경이 이러한 인간의 욕심을 더욱 조장하게 된다. 사회가 윤택하고 풍부하다면 그렇지 않겠지만 전반적으로 보면 사치와 빈곤의 대립에서 빈곤이 더 큰 비중을 차지하기 때문이다. 또한 전체적으로 빈곤함에도 불구하고 빈익빈 부익부 현상이 만연하여 상대적인 박탈감이 지배하게 된다. 그러므로 가진 자는 더 가지려 하고 못 가진 자 역시 필사코 가지려고 하기 때문에 전반적으로 상대적 빈곤이 지배하게 된다. 이러한 이유로 사회악이 더욱 조장되어 인간 역시 악한 성질을 드러내게 된다.

2. 후천선경의 설계, 천지공사의 근본정신

오늘날 정신계의 적나라한 현실은 어떠한가? 흔히 오늘날은 종교, 학문, 예술이 사라져 버린 황량한 시대라 말한다. 물론 그 허울은 여전히 존재하되 그 진액이 다하여 빈껍데기만 요란한 소리를 낼 뿐이다. 같은 종교 안에서도 교파간의 갈등은 날로 증폭해 가며, 학문과 예술은 세기말적 공포와 불안감을 잠재우지 못하고 있는 실정이다.

지금 종교인들은 옛 황금시절의 진리 대도를 망각하고 자신의 우물만을 파기에 급급한 실정이다. 그리하여 모든 종교의 시원이 한 뿌리이며, 그들이 모시는 절대자 신이 결국 동일한 한 분임을 깨닫지 못하고 인정하지 못한다. 그리하여 서양 기독교의 신(Deus, God)은 미륵 부처님, 옥황 상제님과 전혀 다른 존재로만 알고 있다.

그런데 이처럼 문화권에 따라 다르게 채색되어 있는 절대자 하느님이 실제로 인간의 몸으로 이 땅에 강세하셨다. 그 분이 곧 증산 상제님으로 조선의 한 마을에 빈농의 아들로 태어나 30여 년간 세상의 온갖 풍상을 겪는다. 31세 되시던 1901년 드디어 모악산 대원사大願寺에서 낡은 세상을 여의고 신천지를 지상에 열 수 있는 권능을 얻게 된다.

① 천지공사

이로부터 증산 상제님은 전대미문의 위기에 처한 오늘의 인류와 신명을 구원하기 위한 천지공사天地公事를 행하게 된다. 천지공사란 말 그대로 하늘과 땅에 걸친 만물을 거듭날 수 있도록 공정하게 판정하는 하느님의 일을 말한다. 즉 선천말의 병든 천지를 뜯어 고쳐 새로운 세상을 열기 위한 일종의 우주 개조 프로그램이라 할 수 있다. 이것은 우주 주재자가 직접 인간의 몸으로 행한 전무후무한 우주 기획이라 할 것이다.

상제님은 이 우주와 인간의 역사를 진단하여 "온 천하가 다 병이 들었다(天下가 皆病이니라.)"(5:347:7)고 진단한다. 우주 자연은 삐뚤어져 아파하고 인간은 원과 한이 폭발지경에 이르러 상극이 죽음의 그림자를 깊게 드리우고 있는 것이다. 이 병은 천지인 삼계에 걸친 총체적인 대병이기 때문에 어느 누구도 쉽사리 고칠 수 있는 성질의 것이 아니다. 상제님은 "공자가 알고 하였으나 원망자가 있고, 석가가 알고 하였으나 원억冤抑의 고를 풀지 못하였다."(2:95:3)고 하셨다. 쉽게 말해 선천의 법술로는 이 병을 고칠 수 없었다는 것이다. 이 병은 과연 어떻게 고칠 수 있을까? "이제는 판이 워낙 크고 복잡한 시대를 당하여 신통변화와 천지조화가 아니고서는 능히 난국을 바로잡지 못하느니라."(2:21) 따라서 삼계에 걸친 병을 고칠 수 있는 것은 오직 우주 전체에 걸친 조화권능을 가진 존재뿐이다. 그런데 이 권능을 가진 이는 오직 우주의 주재자인 상제님뿐이다.

먼저, 상제님은 하늘나라 신들의 세계가 혼란에 빠졌다고 진단하고 지상에 낙원을 건설하기 위해 이를 재조직하여 이른바 조화정부를 결성한다. 왜냐하면 지상의 인간과 만물은 하늘의 원리에 기대서 살아가기 때문이다. 따라서 혼란한 하늘의 질서를 바로잡음으로써 비로소 지상의 질서를 바로잡을 수 있는 것이다.

> ■이제 천지도수를 뜯어고치고 신도를 바로 잡아 만고의 원을 풀며 상생의 도로써 선경의 운수를 열고 조화정부를 세워 함이 없는 다스림과 말 없는 가르침으로 백성을 교화하여 세상을 고치리라.(4:16)

조화정부는 인간과 천지만물을 다스리는 사령탑과도 같다. 그것은 하늘과 땅에 걸친 대공사인 천지공사의 핵과도 같은 위치에 있다. 조화정부가 이렇듯 우주 통치의 사령탑 역할을 할 수 있는 것은 신도의 조화로 만물을 다스릴 수 있기 때문이다. 조화로 다스린다는 것은 천지의 순리에 따라 목적한 바를 달성할 수 있다는 뜻이다. 천지의 변화는 곧 음양의 상호작용으로 이루어지며, 이것이 천지조화요 우주의 근본 변화 작용이다. 그러므로 조화정부는 "함이 없는 다스림"의 사령탑이 된다.

상제님은 인간이 생전에 살아가면서 평소에 쌓은 공덕에 따라 조화정부 조직에 배치하셨다. 그리하여 그들의 뜻을 물어 새 역사의 이정표를 짜신 것이며, 이것이 바로 천지공사인 것이다. 이 이정표에 따라 조화정부의 신명들은 인간의 새로운 삶과 역사에 역사하도록 한 것이다.

조화정부의 조직을 이루는 근간으로는 상제님의 후계자요 반려자로서 가을 우주의 정음정양의 도수를 인사로 실현하사는 주인공 태모님의 수부소首婦所, 상제님 진리를 펴는 본부인 포정소布政所, 수명과 복록을 관장하는 복록소復祿所와 수명소壽命所, 선경의 건설자인 일꾼을 기르는 대학교 조직이 있다.

그러나 무엇보다도 조화정부를 구성하는 성신의 무리는 크게 자연신과 문명신으로 나눌 수 있다. 자연신에는 천지 망량신과 조왕신, 칠성신 등이 있고 각 자연물에 내재하는 신성을 망라한다. 인격신에는 동서양의 문명신과 도통신, 각 지방신과 만고원신, 만고역신, 각 성의 선령신 등이 있다.

먼저, 문명신이란 인류 문명을 발전시킨 성신으로서 동서의 종교가, 과학자, 철학자 등 위대한 인물들이다. 문명신 가운데 도를 통달한 신명을 도통신道通神, 그들을 거느리는 주재신을 도통신道統神이라 한다. 이와 관련하여 상제님은 동서양 4대 종장을 교체했는데, 기독교의 예수대신 이마두(마테오 리치)를 서도종장에, 노자대신 동학의 창도자 수운 최제우를 선도종장에, 공자대신 주회암을 유도종장에, 그리고 석가대신 진묵대사를 불도종장에 각각 임명했다.

다음으로, 만고원신萬古寃神이란 원한 맺혀 죽은 모든 신명을 말하는데, 대동세계를 꿈꾸다가 억울하게 죽자 만고의 한을 품은 당요唐堯의 왕자 단주丹朱가 인류 원한의 뿌리가 된다. 상제님은 단주의 깊은 원을 풀어주기 위해 전라도 순창 회문

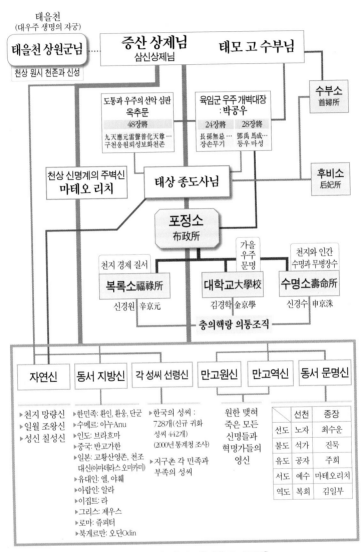

천상 조화정부의 신도 조직

산에 있는 오선위기혈에 단주의 기운을 응기시켜 국제 정세를 다섯 신선이 바둑 두는 형국으로 전개되도록 하였다.

마지막으로, 만고역신萬古逆神이란 천하의 의기로 혼란한 세상을 바로잡으려다 역적의 누명을 쓰고 억울하게 죽은 혁명가의 신명이다. 상제님은 동학혁명을 일으킨 전명숙 장군의 원한을 풀어주기 위해 그를 만고역신의 주벽신, 조선의 명부대왕으로 삼았다.

조화정부가 결성되면, 이에 따라 혼란스러운 지구의 운(地運, 氣靈)을 바로 잡아 통일하게 된다. 지구는 하늘의 조화 기운을 받아서 만물을 낳고 기르는 역할을 한다. 특히 인간은 지구가 뿜어 내는 무형의 기운을 받으며 살아간다. 지구는 혈과 맥을 갖춘 유기체이며, 이를 통이할 수 있는 주요 혈맥은 간방艮方인 한반도에 있다고 한다. 땅은 음기운이므로 음기운의 극치인 모악산이 지운통일의 주장이고, 이에 응기하는 양기운의 주장은 순창 회문산이다. 이 두 산의 기운이 산하기령 통일을 주도하며 사명당四明堂의 산들이 이에 응기하여 천하의 지운통일을 바탕으로 선천의 원한과 시비를 해결하도록 한다. 이어 도운道運과 세운世運이라는 인간 앞세상의 역사 운로를 새롭게 짜게 된다.

천지공사가 짜여진 이후로는 이 설계도에 따라 신천지의 새 역사가 열리게 된다. 그렇다면 이러한 천지공사는 과연 어떠한 정신을 통해서 실현될 수 있을까?

② 천지공사의 근본 이념, 원시반본

천지공사의 근본 정신을 원시반본原始返本이라 한다. 지금까지 언급한 지상천국의 근본 이념을 원시반본이라 할 수도 있다. 왜냐하면 지금까지 인류가 희구한 이상향으로 되돌아가기 위하여 꼭 필요한 정신이 바로 원시반본의

원시반본

생성·분열

통일·성숙

물이 생명의 근원으로 돌아감
(낙엽귀근落葉歸根)

이념이기 때문이다. 말하자면 원시반본이라는 이념의 구체적인 내용을 이루는 것을 지상천국이라고 할 수 있기 때문이다.

우선 원시반본의 문자적인 뜻은 '시원을 찾아서 근본으로 돌아간다'는 것이다. 그 의미는 현재의 삶을 완성시키기 위해 시원의 창조적인 뿌리를 바르게 인식하여 그 생명의 근원으로 돌아가라는 것이다. 이 근원이란 '도의 실재'라고도 할 수 있다.

■이 때는 원시반본原始返本하는 시대라.(2:26:1)

이 말씀에 따르면, 후천이 막 시작하려는 우주의 가을은 시원의 뿌리, 도道의 실재로 돌아가는 때다. 이 말은 곧 지금은 그러한 도의 실재로부터 멀어져 있는 상태임을 전제로 한다.

끊임없는 시간의 흐름 가운데서 시간적, 논리적 시원은 시종일관 동일성을 유지하는 근본 정신이다. 그러므로 시원으로 되돌아간다는 것은 그러한 정신을 회복하는 것이지 실제로 그러한 시원의 시점으로 되돌아가는 것은 아니다. 그것은 불가능하다. 시간을 되돌릴 수는 없기 때문이다.

결국 원시반본이란 시원의 원초적이고 창조적인 힘을 현재화하여 도의 본체, 우주의 근원정신을 회복하는 것이다. 이 정신으로 여름에서 가을로 넘어가는 실질적인 에너지가 생성된다. 시간적인 현실 세계에서도 만물을 거두어 추수하는 것은 장차 닥쳐올 고난을 돌파해 나갈 힘을 축적하기 위한 것이다.

원시반본은 인간과 우주가 생겨나기 이전부터 시종여일하게 존재하는 우주의 무진장한 근본 에너지요 우주의 주재자이신 상제님의 정신으로 되돌아가는 것이다. 우주의 운행은 철저히 이 정신에 따라 이루어진다.

▪내가 천지를 주재하여 다스리되 생장염장生長斂藏의 이
　치를 쓰나니 이것을 일러 무위이화라 하느니라.(4:58:4)

생장염장이라는 우주의 운행 리듬에서 생장은 봄여름에 해당하는 시간대다. 보통 선천이라고도 하는 이 시간대에는 만물이 소생하고 성장하는 활기찬 시대, 인간으로 말하면 유년과 청년기에 해당한다. 그러나 만물은 무한히 발전할 수만은 없다. 발전이 극에 달하면 마음껏 펼쳐졌던 에너지를 다시 거두어 들여 응축하는 운동이 일어나게 된다. 이것이 바로 원시반본의 근본정신에 의해서 일어나는 우주 가을의 통일과 결실의 시간대에 일어나는 염장의 율동이다.

그러면 이러한 우주의 시운과 우리가 지금까지 살펴 본 지상천국은 과연 어떤 관련이 있는가? 한마디로 인류가 동서양에 걸쳐 지금까지 추구해 온 지상천국의 건설은 바로 이 시점에 와서 진정한 의미를 가지게 된다. 왜냐하면 선천에 추구해 온 지상천국의 이념은 단지 이념에 머물 수밖에 없었기 때문이다. 일찍이 인류의 '황금시대'가 있기는 하였다. 영국의 탁월한 심리학자인 스티브 테일러는 『자아폭발』에서 원초적 낙원이라는 황금시대가 단순한 신화가 아니라 엄연한 실화라는 점을 생생하게 증명해 보이고 있다. 그 시점이 정확히 언제인지는 확실하지 않으나 인간의 시간감각으로는 아득한 옛날이라고 밖에 할 수 없다. 그러나 어떻든 그러한 시대가 분명 존재한 것만은 사실인 듯하다. 그러나 그 시대는 그 어떤 원인에 의해서 종말을 고하고 인류에게 힘든 노동과 기아, 대립과 갈등, 혼란과 전쟁의 시대가 나타났다. 이러한 경향은 선천말인 현대에 이르기까지 심화되어 왔다. 따라서 지상천국이 실제로 지상에 건설될 환경은 점차 열악해져 왔다고 할 수 있다.

우주 가을철의 입구에 서있는 인류에게는 절망과 동시에 희망이 주어져 있다. 이 절박한 시대정신을 간직하고 있는 것이 바로 원시반본의 정신이다. 왜 그런가? 도대체 왜 원시반본은 절망만이 아니라 희망을 줄 수 있는 시대정신인 것일까?

첫째, 원시반본은 어떤 변화가 극에 달하면 원래 자리로 되돌아가는 극즉반極則反의 섭리이다. 인간 역시 자신의 생명을 낳아 준 근원으로 되돌아가야 한다. 그 근원이란 천상에서 보살피고 인도하는 조상님과 온 인류를 구원하실 상제님을 말한다. 조상과 하느님으로부터 멀어져 극에 달하면 다시 근원으로 되돌아가 삶의 충만한 의미를 되찾게 된다. 절망이 극에 달하면 희망이 오는 것은 이 때문이다.

둘째, 원시반본은 만물의 부모인 천지가 성공하는 것이다. 천지의 운동은 생장성이라는 세 박자로 순환하기 때문에 인류가 소망하던 지상낙원, 지상천국이 열림으로써 "성공"하게 된다. 우주 대자연의 이법은 이처럼 인간과 천지의 대이상을 실현시킬 수 있는 근본 환경을 제공한다. 선천의 종교들은 이처럼 중요한 천지의 이법과 그 때를 제쳐두고 단지 도덕적 교설만을 되뇌여 왔다. 그러나 이제 인류가 맞이하게 되는 천지의 가을에는 그 주재자이신 상제님이 이 땅에 오셔서 지상천국을 건설할 수 있는 프로그램인 천지공사를 직접 짜게 된다. 이로서 인류에게 지상천국이 도래할 것이라는 희망은 단순한 망상이 아니라 확실한 미래적 사실로 인식된다.

셋째, 원시반본은 선천의 창조 이상이 결실되는 것, 즉 모든 사상과 종교가 통일되는 섭리다. 그것은 구체적으로 지상에 통일의 문명으로 나타난다. 지상천국의 내용적인 측면을 이룬다. 사분오열되었던 선천의 사상과 종교가 합일한다는 것은 어지러운 정신이 깨어나 맑아지는 것처럼 그 자체가 희망이다.

넷째, 원시반본은 선천의 상극이 상생으로 전환함을 뜻한다. 자연의 원리만이 아니라 인간 사회의 근본 정신이 상극에서 상생으로 전환된다. 인간이 역사적으로 쌓아 올린 물질적, 정신적 성과가 비로소 빛을 발하게 된다. 서로를 도우며, 상대방을 잘 되게 하는 것이 보편적인 덕이 되는 것. 그 이상의 희망이 어디 있겠는가.

선천의 묵은 하늘은 인간과 문명만이 아니라 천지마저 병들게 했다. 그래서 천지에 기대어 사는 인간, 그리고 인간이 이룩한 문명이 모두 깊은 병이 들어 날로 위독해져 가는 상태다. 실제로 이 병을 치유하여 건강을 회복하기 위한 정신적인 방책이 보은報恩, 상생相生, 해원解寃이라는 원시반본의 3대 실천 이념이다. 말하자면 병든 선천의 세상을 정화시킬 수 있는 강력한 정신적 무기인 것이다. 즉 천지공사가 낡은 선천의 삶을 돌이키기 위한 외적 환경에 대한 대수술이라면, 보은, 해원, 상생은 인간의 삶을 구성하는 내적 환경을 일신할 수 있는 정신적인 실천 덕목인 것이다.

그러면 보은과 해원, 상생은 무엇이며, 서로 어떤 관계가 있는가? 보은이란 천지로부터 받은 은혜에 보답함이고, 상생이란 인류를 모두 구원하여 잘살게 함이며, 해원이란 신명과 인간의 모든 원한을 해소하여 조화로운 삶을 회복함을 뜻한다. 그런데 일찍이 상제님은 해원을 바탕으로 천지공사를 집행했다. 역사의 흐름이라는 관점에서 보면 선천에 형성되어 폭발 지경에 이른 원한을 해소하는 것이 급선무였기 때문이다. 그래서 상제님도 "상극의 원한이 폭발하면 우주가 무너져 내린다."고 했던 것이다. 상극에서 비롯된 원한은 인간 세상만이 아니라 우주 자체의 운행에도 막대한 지장을 줄 수 있을 정도로 강력한 것이다. 그러므로 해원이야말로 상생과 보은을 위한 전제 조건인 것이다.[99]

③ 천지공사의 실천 이념: 해원, 상생, 보은

현재 선천말의 사람이 살아가는 실상은 어떠할까? 물론 위에서 인간의 현실에 대한 깊은 분석이 있었지만 좀 더 다른 시각에서 살펴볼 필요가 있다.

선천에 사는 사람들은 병든 마음을 부여잡고 살았다. 불가에서는 일찍이 인간의 실존적인 모습을 생로병사라고 인상 깊

---

99) 그러나 거꾸로 오늘날의 시점에서 원시반본의 이념을 실현하기 위한 실천은 보은의 정신을 바탕으로 해서 상생을 실천하고, 이를 통해서 비로소 해원이 이루어진다. 즉 원시반본을 실현시킬 수 있는 대전제가 곧 보은인 것이다. 보은의 바탕에서 비로소 인간의 상생이 가능하고, 상생의 바탕에서 비로소 뿌리 깊은 원한이 진정으로 해소될 수 있다. 안경전,『증산도의 진리』, 제5장. 제2절 "원시반본의 3대 실천 이념: 보은상생해원", 353쪽 참고.

게 묘사했다. 과연 사람은 누구나 나서, 늙고, 병들어 죽는 운명을 피하지 못했다. 그것은 어쩌면 생명이 있는 모든 존재가 겪을 수밖에 없는 가혹한 운명인지도 모른다. 그러나 그것은 진정 운명일까? 물론 석가부처는 생로병사라는 연기의 사슬을 끊기 위해 출가하여 마침내 무명을 벗어나 해탈했다고 한다. 그러나 그것이 사실일지라도 선천을 살아간 모든 사람들이 그러하지는 않았다. 대부분의 사람들은 생로병사는 물론이로 인한 깊은 고통과 상처, 원한을 품고 죽어갈 수밖에 없었다. 거의 모든 사람이 그러했다. 역사가 계속되면서 원한은 풀리지 않고 계속 쌓여만 갔다. 원한은 쌓이다 못해 이제 폭발할 지경으로 그 부정적 에너지가 우주에 가득 차게 되었다.

상제님은 역사상 처음으로 인간의 원한寃恨이라는 불치병에 대해 지대한 관심을 가지고 계셨다. 원한이란 원통하고 한스러운 선천 사람들의 마음을 대변하는 개념이다. 사람은 누구나 크건 작건 가슴 속에 꼭 이루고 싶은 소망을 품고 살아가기 마련이다. 그러나 자신이 처한 환경과 능력 혹은 제3의 요인으로 인하여 그 꿈을 완벽하게 이루지 못하는 경우가 대부분이다.

그러면 이러한 원한이 쌓이게 되는 구체적인 환경은 무엇인가? 상제님께서는 "선천에는 상극의 이치가 인간 사물을 맡았으므로 모든 인사가 도의에 어그러져 원한이 맺히고 쌓여 삼계에 넘치매 마침내 살기가 터져 나와 세상에 모든 참혹한 재앙을 일으키나니..."(4:16:2~3)라 하셨다. 선천은 지구의 환경 자체가 편음편양, 억음존양으로 치우쳐 인간 세상에 대립과 분쟁, 갈등과 분란으로 인한 상극성이 인간 세상을 지배한다. 이러한 상극의 환경에서는 필연적으로 원한이 발생할 수밖에 없다. 말하자면 선천에 생겨나는 원한은 인간으로 인한 것이 아니라 그 환경으로 인한 것이다. 그것은 인간의 능력으로는 불가항력적인 삶의 조건이다. 어느 누구도 이것을 개선할 수 없는 것이다.

원한은 인간과 인간 사이의 관계를 파국으로 몰고 간다. 원한이 제대로 풀리는 경우는 많지 않다. 그러므로 대부분의 사람들은 원한이 맺힌 채 죽어간다. 그 원한은 지금까지 풀리지 않은 채 역사를 가득 채우고 급기야 세상이 폭파될 지경이 되었다. 그래서 "상극의 원한이 폭발하면 우주가 무너져 내리느니라."(2:17:5)고 상제님은 말씀하셨다. 참으로 무서운 말씀이다. 우주조차도 무너뜨릴 수 있는 강력한 원한의 부정적 에너지가 꽉 찬 것이 현 선천말의 지구적 상황이다. 상제님은 역사상 처음으로 이런 상황을 원한이라는 관점에서 정확히 진단하신 것이다. 이 상황을 극복한다면 서로가 서로를 살리는 덕목인 상생이 실현될 것이다. 혹은 이 상황을 극복하기 위해서는 상생의 삶이 필요하다고 할 수 있을 것이다.

그러나 선천에는 상극이라는 반대 원리가 천지와 인간을 지배하는 원리였다.

> ▪ 선천은 상극의 운이라. 상극의 이치가 인간과 만물을
> 맡아 하늘과 땅에 전란이 그칠 새 없었나니 그리하여
> 천하를 원한으로 가득 채우므로...(2:17:1~2)

선천을 지배하는 원리로서의 상극은 선천의 인간과 만물을 지배하는 보편적 원리이다. 그러므로 상극은 선천의 "운運"이다. 따라서 인간과 만물은 그 운을 자의로 벗어날 수 없다. 아무리 노력을 한다 해도 인간으로서 그 운을 뛰어 넘을 수는 없는 것이다. 오로지 원시반본의 이법에 따라 선천은 후천으로 이행함으로써 그러한 운은 상생이라는 새로운 질서로 탈바꿈할 수 있다.

상생의 문자적 의미는 서로 살린다는 뜻이다. '서로'라는 상호성의 원리는 인간 사회의 가장 기초적인 원리요 질서다. 인간이 모여서 사는 사회에서는 일방적인 것은 없다. 모든 것은 상호적으로 일어난다. 내가 상대방에게 무엇인가 받고 싶다고 받을 수 있는 것은 아니다. 상대방 역시도 마음대로 나의 마음을 움직여 자신이 원한다는 대로 할 수 없다. 그래서 상호적으로 일어나지 않는 것은 생명력이 없고, 결국 소멸해 버린다. 상생도 철저히 이러한 상호성의 원리에 의해서 가능한 사회적 이념이다. 그러나 상생이 꼭 인간 사회에만 적용되는 원리는 아니다.

- 내 도는 곧 상생이니, 서로 극하는 이치와 죄악이 없는 세상이니라. 앞세상은 하늘과 땅이 합덕하는 세상이니라.(2:20:2~3)
- 내가 후천을 개벽하고 상생의 운을 열어 선으로 살아가는 세상을 만들리라(2:18:3).

선천 "상극의 운"이 인간과 만물을 지배하듯이, 후천은 "상생의 운"이 펼치는 새로운 세상이다. 상생은 그만큼 강력한 힘으로 후천의 새 세상을 열어가는 원리로 작용한다. 말하자면 사물과 사물, 인간과 만물, 인간과 신명, 그리고 인간과 인간이 서로 상대방을 살리고 그렇게 하여 자신도 사는 원리가 바로 상생인 것이다. 말하자면 상생의 원리는 인간과 환경, 환경의 전체인 우주를 포괄하는 보편적 원리인 것이다.

상생이 일방적이 아니라 상호적이고 쌍방적인 관계라면, 그 관계의 내용은 무엇인가? '살리다'는 '서로를 살리다', '서로를 잘 살게 해주다'는 뜻으로 단순한 공존共存과는 차원이 다르다. 공존은 상대방의 삶에 적극적으로 개입하지 않는 개인주의적 성격을 띠지만 상생은 상대방의 삶에 적극적으로 개입하여 긍정적 영향을 미치는 이타주의적 방식을 취한다. 이러한 상생의 덕이 지배하는 세상은 인류가 지금까지 꿈꾸어 온 이상향이다.

- 만국이 상생하고 남녀가 상생하며 윗사람과 아랫사람이 서로 화합하고 분수에 따라 자기의 도리에 충실하여 모든 덕이 근원으로 돌아가리니 대인대의의 세상이니라.(2:18:4~5)
- 생명을 살리는 것을 덕으로 삼느니라.(2:19:5)

인류가 꿈꾸어 온 이상향-. 그것은 생명이 충만한 세상이다. 생명이 죽어가는 끔찍한 세상이 아니라 온 세상이 생명감으로 꿈틀대는 약동하는 세상, 그래서 살맛이 나는 세상, 이것이 곧 상생의 세상이다. 이 세상에 사는 사람들의 삶은 생명을 살리는 것을 덕으로 삼고 살아가는 성인聖人들의 사회이다. 성인의 경지에 오른 사람이 아니라면 이러한 사회의 구성원이 될 수 없다. 인격과 인격이 만나 성숙한 경지를 열어가는 사회, 그것은 사랑의 사회요 평화의 사회이다. 바로 상생의 세상이다.

이러한 사회에서 살아가는 것은 그냥 주어지는 수동적인 것이 아니라 적극적인 능동성, 행동과 실천이 요구된다. 즉 상생의 사회에서 살아가는 것은 곧 상생을 생활 가운데서 실제로 실천하는 것을 전제로 한다. 이것은 나와 타인을 동시에 배려하는 사랑의 마음을 전제로 한다. 예컨대 여러 가지 원인으로 인간다운 삶을 영위하지 못하는 사람이 있다고 하자. 그의 이웃이나 친척, 동료 등 주위의 사람들은 그것을 단지 가슴 아프게 생각하는 것이 아니라 실제로 적극적 도움을 줘야 한다. 그

것이 물질이든, 정신이든, 아니면 제3의 어떤 요소든 적극적 도움을 줌으로써 그 사람이 정상적인 인간의 삶을 영위할 수 있도록 실질적인 도움을 줘야 한다. 그러면 그 도움을 받은 사람이 어려움을 극복하면 자신에게 도움을 준 사람들의 은혜를 되갚게 된다. 이것이 바로 보은報恩이라는 새로운 덕목이다.

보은이란 말 그대로 어떤 은혜에 보답한다는 뜻이다. 보은이라 하면 일차적으로 인간 사이의 은혜 관계를 떠올리게 된다. 그러나 대자연인 천지인 사이에도 보은의 법칙이 근본이다. 하늘이 땅에 빛과 바람과 눈비를 내리면 땅은 그것을 달게 받아 인간이라는 자식을 낳아 정성을 다해 기른다. 그리고 이렇게 성장한 인간은 다시 천지의 뜻을 받아 천지의 이상을 대신 완성해 준다. 여기에는 상호적인 은혜의 수수授受법칙이 작용하고 있다. 이처럼 하늘과 땅과 인간 사이에 보편적으로 작용하는 것이 보은의 법칙인 것이다.

인간과 자연만이 아니라 자연 자체의 내면에도 보은의 법칙이 매우 중요한 역할을 한다. 겉으로 보기에 상극적 관계로 보이는 현상도 은혜의 수수법칙의 지배를 받는 경우가 많은 것은 이 때문이다. 예컨대 밤나무의 새순을 갉아 먹고 사는 밤벌레는 밤나무의 성장과 결실을 방해하는 것처럼 보인다. 그러나 밤나무의 새순을 먹고 무럭무럭 자라난 밤벌레는 자신의 탈을 벗고 나비가 되어 밤꽃에서 꿀을 빨다가 암술과 수술을 수정시켜 밤이 열리도록 하여 자신이 밤나무에게 받은 은혜를 되갚는다. 그러면 밤나무는 다시 새싹을 틔워 나비의 애벌레가 먹을 수 있도록 배려함으로써 그 은혜에 다시 보답하여 밤나무와 밤벌레는 끊임없는 은혜의 수수법칙으로 깊은 관계, 사랑의 관계를 맺는다. 물론 우리 인간은 이 모든 내밀한 관계를 속속들이 알아낼 수는 없다. 그리고 자연도 의식적으로 이런 행위를 하지 않는 경우도 있을 것이다. 그러나 자연은 그야말로 자연이기 때문에 자연스러운 방식으로 은혜를 주고 받는 것이다.

사람 사이에도 은혜의 법칙이 지배해야 하지만 선천의 역사에는 그렇지 않은 경우도 많이 있었다. 그래서 상제님께서도 "배은망덕만사신"(2:28)이라 하여 은혜를 저버리는 일을 가장 경계하셨다. 사람 사이의 관계를 깨는 가장 본질적인 행위는 바로 은혜를 저버리는 배은망덕인 것이다.

그러나 인간이 은혜를 갚아야 할 대상은 자신에게 직접적으로 은혜를 베푼 인간만이 아니다. 천지도 인간에게 엄청난 은혜를 베푸는 고마운 존재다. 인간이 이 세상에서 살아갈 수 있는 가장 기본적인 환경을 제공해 준 것은 천지이기 때문이다. 그래서 상제님도 "천지 알기를 너희 부모 알듯이 하라."(11:114)고 하셨다. 동양의 경전인 『주역』은 하늘을 아버지, 땅으로 어머니로 비유하고 있다.

그러면 천지부모의 은혜에 진정으로 보답하는 길은 무엇일까? 이에 대해 상제님은 "도통천지보은"(6:128)이라 하셨다. 도통을 하는 것이 천지의 은혜에 보답하는 길이라는 것인데,

천지가 부모로서 인간을 낳아 길러주었으므로 그에 상응하는 보답을 해야 하며, 그것은 곧 도통을 하는 일이라는 뜻이다. 그러면 도통이란 무엇을 뜻하는가?

천지는 인간에게 육신의 부모와는 격이 다르다. 천지는 인간에게 사적이고 감정적인 차원을 벗어나 공적이고 이법적인 차원에서 책임과 의무를 다할 것을 요구한다. 인간이 사적이고 감정적인 차원을 벗어나서 공도公道를 인식하는 것을 도통이라 한다. 공도에 대한 인식을 통해서 인간은 천지로부터 받은 은혜에 보답할 수 있는 능력을 가지는 것이다.

천지만이 아니라 육신의 어버이, 그 어버이를 낳은 조상에 대한 은혜도 있을 것이다. 조상의 은덕에 대한 보답 역시도 매우 중요하다. 그래서 상제님은 "조상은 너의 하느님"이라 말씀하셨다. 원시반본하는 우주 가을철에는 언제나 나를 지켜주는 조상을 잘 섬겨야 한다. 세상에서 가장 소중한 존재는 자기자신이며, 우주의 모든 것은 내가 있으므로 해서 의미를 가지는 것이다. 이러한 나를 직접적으로 있게 한 분이 바로 부모와 그 부모인 조상인 것이다. 상제님께서는 "부모를 경애하지 않으면 천지를 섬기기 어려우니라. 천지는 억조창생의 부모요, 부모는 자녀의 천지니라."(2:26)고 하셨다.

천지 부모와 육신의 부모, 또 그 부모인 조상을 섬기는 보은의 정신은 인간이 꼭 지켜야 할 덕목이다. 앞으로 건설될 지상천국, 후천선경은 보은의 실천을 바탕으로 한다. 보은은 인간과 인간, 인간과 신명, 인간과 천지를 결합시키는 지고의 원리이다. 이런 관계는 곧 인간의 전체, 인류가 한 형제요 가족으로 살아간다는 것을 뜻한다. 인류가 진정 한가족이라면 이기주의가 아닌 이타주의의 원리가 지배하는 살만한 세상이 실현되는 것이다.

이러한 바탕에서 비로소 우주에 가득 찬 원한이 진정으로 해소되어 살기 좋은 천국이 지상에 펼쳐질 수 있게 된다.

3. 유토피아의 실현, 후천선경

지금까지 후천선경이라는 지상천국이 실제로 완벽한 모습으로 지상에 건설되기까지의 과정을 그려 보았다. 선천에는 단지 지상천국의 관념이 인류의 이상으로 그려지고 있었을 뿐이다. 그러나 그러한 이상은 단지 이상에 머문 것은 아니고 인류의 염원이 되어 무의식 속에 깊숙이 각인되었을 것이다.

이러한 선천의 지상천국의 염원은 결코 무근거한 환상이 아니다. 그것이 비록 때론 유토피아사상, 즉 아무데도 없는 곳이라는 역설로 나타나기는 했지만 그 당시의 시점에서 보면 그럴 수밖에 없었는지도 모른다. 즉 후천의 시점에서는 지극히 당연한 일이 당시에는 환상에 지나지 않는 것으로 보였던 것이다.

선천 말에 이르면 앞에서 말한 것처럼 우주원리상으로 변고가 일어나 뿌리 없는 불, 인신상화가 형성되고, 이로 말미암아

문명과 인간에게 이런 징후가 드러나게 된다. 즉 증산 상제님이 적확하게 지적했듯이, 근대문명은 교만과 잔포에 빠져 자연을 지배, 정복하는 등 죄악을 꺼림 없이 범행하여 천도와 인사가 도수를 어기도록 할 지경에 이르렀다. 그런가 하면 인간 역시도 우주의 변고의 영향으로 기거와 식생활은 물론 사회생활에 있어서도 욕심과 사치가 만연하여 천리에 역행하는 생활을 함으로써 악에 물들게 된다.

이러한 과정은 천도에 배치되고 모순되기 때문에 후천개벽이라는 우주적 변화를 유발하게 된다. 그것은 우주 자연의 개벽과 인간개벽, 그리고 문명개벽으로 전개된다. 이 개벽의 과정을 상세하게 전개하는 것은 본 주제가 아니기 때문에 그 요점과 결과만 간단히 짚고 넘어가야 할 듯하다.

자연개벽은 23.5도 기울어졌던 지축이 한 순간 바로 서는 사건에서 시작된다. 지축정립은 지진과 해일을 동반한 엄청난 자연재해를 몰고 온다. 이것은 상상할 수 없는 엄청난 파국을 몰고 온다. 특히 인간에게 미치는 영향은 거의 절대적이다. 왜냐하면 인간은 철저히 자연에 기대에 살아가는 존재이기 때문이다. 급기야 지구촌은 병겁의 급습을 받게 된다. 각종 전염병이 창궐하고 사람과 동물이 병에 걸려 죽게 된다.

이로 인하여 문명도 거의 파괴되지만 이는 새로운 문명이 탄생하기 위한 출발점이 되기도 한다. 그리고 그 안에 사는 주인공인 인간 역시도 엄청난 변화에 직면하게 된다. 결과적으로 이러한 개벽의 과정은 분명 엄청난 재해임에 틀림없으나 이로 인하여 자연과 문명과 인간은 새롭게 탄생하게 된다. 그 탄생의 구체적 내용과 원리는 무엇일까?

① **명려**明麗**한 자연환경**

우주 최고의 통치권자이신 증산 상제님은 인간의 몸으로 이 세상에 강세하여 낡은 세상을 구원하기 위해 천지공사라는 전무후무의 후천세상개벽 프로그램을 짜셨다. 여기서 낡은 세상을 뜯어고치기 위한 후천개벽의 제일보가 되는 것이 곧 지축정립이다.

기울어진 지구가 바로 섬으로써 시공궤도도 365¼도에서 365도로 바뀌게 된다. 이것이 바로 후천 정역의 이치를 이름이다. 이로써 사시가 고른 시공의 운행이 이루어진다. 이것이

━후천에는 자연환경이 본래의 모습을 회복한다.

바로 신천지, 새 하늘과 새 땅이 열리는 기본이 된다.

일찍이 기독교의 사도 요한은 "또 내가 새 하늘과 새 땅을 보니 처음 하늘과 처음 땅이 없어졌고 바다도 다시 없더라. ...처음 것들이 다 지나갔음이러라. 보좌에 앉으신 이가 가라사대 보라, 내가 만물을 새롭게 하노라."(「요한게시록」 21:1~5) 라고 후천개벽 후의 세상의 모습을 선명하게 전하고 있다. 요한이 성령의 계시로 전한 이 말씀은 바로 후천 신천지의 모습을 가감없이 그대로 전한 것이다. 처음 하늘과 땅이란 선천의 기울어진 하늘과 땅을 말한 것이요, 새 하늘과 새 땅이란 후천개벽 후의 신천지를 이름이다.

그런데 여기서 "보좌에 앉으신 이"가 등장한다. 요한은 이 분이 곧 하느님이라 했는데, 이 분은 지나간 낡은 세상을 마감하고 새 하늘과 새 땅을 연 증산 상제님이다. 새 하늘과 새 땅이란 새롭게 열리는 지구촌의 세상으로서 10천이라 한다. 상제님은 이 10천의 땅에 후천의 무극대운의 생명을 주재하시는 10천 무극상제이시다. 후천에는 이 상제님께서 이 지상선경, 우주 문명이 가장 이상적으로 진화한 지상천국에 성령으로 강림하셔서 직접 다스리신다.[100]

■ 나의 얼굴을 잘 익혀 두라. 후일에 출세할 때에는 눈이 부시어 보기 어려우리라. 예로부터 신선이란 말은 전설

100) 안경전, 『증산도의 진리』, 서울: 대원출판, 2002, 474 참고.

로만 내려왔고 본 사람은 없었으나 오직 너희들은 신선을 보리라.

- "(나의) 낯을 잘 익혀 두라. 내가 장차 열 석자로 오리라." 하시고 "수운가사에 '발동 말고 수도하소. 때 있으면 다시 오리.' 하였나니 알아 두라." 하시니라. (10:24:3~5)

- 상제님은 ... 신천지의 후천 조화선경에 성령으로 강세하실 것을 약속하시니...(7:1:6)

이러한 상제님께서 지축이 바로 서는 후천개벽에 대해서 "내가 천지를 돌려놓았음을 어찌 알리요."라고 말씀하신 것은 천지공사의 정신에 비추어 당연한 언명이라고 할 수 있다. 일찍이 상제님은 일월대어명도수(5:196:11)와 천지대팔문도수(5:196:12)를 짜신 바 이 기울어진 천지를 바로 잡기 위한 것이었다.

또 증산 상제님은 후천에는 하늘이 나지막하여 오르내림을 뜻대로 한다(7:5:5) 하였다. 그것은 선천의 자연환경이 인간의 행동과 뜻을 거스르는 일이 많았으나 후천의 자연은 인간의 뜻을 거스르지 않도록 바뀌게 된다. 날씨도 지금처럼 변덕을 부리거나 엘리뇨현상과 같은 이상기후가 아니라 사시사철 화창하게 된다.

- 수화풍水火風 삼재三災가 없어지고 상서가 무르녹아 청화명려淸和明麗한 낙원의 신세계가 되리라.(7:5:6)

이것을 낙원이라 하는 것은 매우 중요한 의미를 가지고 있다. 낙원에서 얼른 떠오르는 것은 기독교의 에덴동산이다. 그런데 실제 에덴동산으로 추정되는 오늘날의 이라크 유프라테스, 티그리스강 유역의 지방은 사막지역에 불과하다. 어떻게 이런 곳을 지상낙원이라 할 수 있을 것인가? 사막을 보고 지상낙원이라 할 수는 없을 것이다. 오히려 하늘의 저주를 받은 곳이라 할 수밖에 없을 것이다. 왜 그런가? 사막에서는 실제로 물을 구하는 것 자체가 지난의 문제로 되어 끊임 없이 물을 찾아 떠돌이생활을 하지만 궁극적인 정착지를 찾기는 거의 불가능한 것이 엄연한 현실이다. 사막에서는 살아남기 위해서 목숨을 걸어야 한다는 것이다.[101] 그러므로 자연의 환경이 재해를 일으키지 않는 곳이라야 진정한 낙원이 될 조건을 갖추었다고 할 수 있을 것이다. 이에 따라 사계절이 분명한 곳이 낙원이 될 것이다.

그런데 후천이 되면 땅기운이 전혀 다르게 형성된다. 증산 상제님은 지구의 기령과 땅기운을 새롭게 하는 공사를 집행했다. 이것을 지운통일공사라고도 한다. 선천말에 형성된 상화가 땅기운에도 적용되어 지구의 에너지도 분열, 성장하는 상극의

---

101) 실제 사하라사막에서는 많은 사람들이 물을 발견하기 위하여 사활을 건 싸움을 계속하고 있다. 수십길의 우물을 파서 물을 얻으면 그것이 고갈될 때가지 머물다 떠난다. 그러나 많은 사람들이 물을 발견하지 못하여 기아나 병으로 죽게 된다. 그곳에 살 수밖에 없는 사람들은 물을 찾기 위해 사활을 건 싸움을 계속하지만, 대개 무기를 움켜진 채 죽어가게 된다고 한다.

기운이 된 것이다. 이에 따라 지방마다 상이한 지운이 상이한 지방색을 형성했고, 그것은 상이한 문화와 사상을 낳았으며, 이들이 서로 충돌할 때는 엄청난 파괴력을 수반한 반목과 질시, 분란과 쟁투를 불러 일으켰다. 이에 따라 증산 상제님은 지구의 혈穴자리인 한반도의 전주 모악산과 순창 회문산을 지운 통일의 기점으로 삼아 천하의 지운을 통일시키는 공사를 본다. 이에 따라 선천 상극의 분열된 지운은 통일되어 후천에는 통일된 에너지가 지구를 관통하게 된다. 이러한 바탕에서 어느 곳이나 사람이 살기에 적합한 환경이 형성되는 것이다.

지운이 통일되어 사시가 고르고 땅기운이 상극에서 상생으로 전환되어 인간의 삶에 방해가 되지 않게 되는데, 다른 한편으로 바다가 육지가 되고, 또 육지가 바다가 되기도 해서 지리적인 환경도 대폭 변화하게 된다. 증산 상제님은 "장차 우리가 살 땅이 새로 나오리니..."(7:18:2) "장차 동양 삼국이 육지가 되리라."(7:18:5)고 하신 말씀은 그 일부를 언급한 것이다. 그래서 후천에는 땅이 부족하여 농사를 짓지 못하는 일이 없을 것이다. 그래서 식량 문제로 기아에 허덕이는 일도 없게 된다. 뿐만 아니라 땅도 기름진 옥토로 변하게 된다. "아무리 박전薄田이라도 옥토가 되게 하리니..."(7:54:7), "농사는 천하의 대본이요, 백성은 먹는 것을 하늘처럼 여기느니라."(7:54:1)

또한 사람을 해치는 모든 것은 없어지게 된다. 선천에는 그로 인하여 온갖 재난과 병이 끊이지 않았다.

■ 하루는 이도삼에게 명하시기를 "사람을 해롭게 하는 물건을 낱낱이 헤아려 보라." 하시니 도삼이 범과 사자와 이리로부터 모기와 이와 벼룩과 빈대에 이르기까지 자세히 헤아려 아뢰거늘 상제님께서 말씀하시기를 "후천에는 사람을 해롭게 하는 것은 모두 없애리라." 하시니라.(7:88:1~3)

이로써 사람이 행복하게 살 수 있는 기본적인 토대가 마련된다. 비단 동물이나 해충만이 아니라 사람을 해치는 모든 것(물건)이 사라지는 것이다. 지금으로서는 상상하기 힘든 갈기 좋은 세상이 된다는 것이다.

② **후천 조화문명으로 가는 길**(첨단 과학문명)

후천의 자연 환경이 어떻게 형성되었는지는 위에서 간단히 살펴보았다. 이제는 이러한 바탕에서 인간이 살아가는 모습을 그릴 차례. 그런데 인간은 자연환경이라는 맨 땅에서 살아가는 자연적 존재로 그치는 것이 아니라 그 위에 새로운 보금자리를 건설하는 문명적, 문화적 존재다. 즉 동물과는 달리 자연 그대로의 환경이 아니라 그 위에 건설된 물질과 정신의 세계에서 살아가는 존재라는 것이다. 이처럼 인간이 살아가는 문화-문명적인 환경의 핵심은 무엇일까?

후천에 인간이 살아가는 근본 바탕이 상생이라는 것은 사실

고도의 정신문화를 전제로 한다. 인간이 진정한 의미에서 정신적인 생활을 할 수 있다는 것은 고도의 영성이 열려 있다는 것을 뜻한다. 인간이 인간다운 것은 그 정신으로 인한 것이며, 이 점에서 인간은 동물과 다르고 또 우월하다고 말하는 것이다. 그런데 이러한 인간의 영성을 가능하게 하는 가장 기초적인 분야가 있으니 그것은 곧 과학이다.

과학은 하루 아침에 형성된 것이 아니다. 위에서 설명했듯이, 천상문명을 지상에 이식한 것이라는 서양의 근대문명은 근대과학의 혁명에 의한 것이었다. 근대과학의 기원이 "알음귀"라는 고도의 예지력, 영감력이었던 만큼, 근대문명 역시 천상문명을 닮아 있다고 말할 수 있다.[102] 그러나 문제는 그러한 과학과 문명을 운용하는 인간이었다. 과학과 문명이 급속도로 발전하면서 사람들은 그 기원을 잊고 교만해진 것이다. 그래서 그 기원을 망각하고 천리에 역행하는 범행도 꺼림 없이 저지르게 되었다. 자연을 이용하고 정복하며 지배하다 못해 급기야는 파괴하는 일도 서슴치 않게 되었다. 이것은 비단 지구에만 영향을 미치는 것이 아니라 삼계에 걸친 대재앙이었다.

---

102) 일반적으로 생각하듯이 근대과학의 급속한 발전은 합리적으로 진행된 것이 절대로 아니다. 1962년 『과학혁명의 구조』를 발표하여 과학 담론에 커다란 파문을 던진 쿤Th. Kuhn은 과학의 발전이 패러다임의 변화라는 혁명적 변화로 인한 것이지 결코 이성적으로 설명할 수 없다고 단언했다.토머스 S. 쿤, 김명자 옮김, 『과학혁명의 구조』(2002); 홍성욱, 『생산력과 문화로서의 과학 기술』(1999), 149쪽 이하 참고.

잘못하면 우주 자체의 운행에도 부정적 영향을 미칠 터였기 때문이다. 결국 마테오 리치 신명이 문명신이자 신명의 우두머리로서 우주 주재자이신 상제님께서 친히 지상에 강세하여 이 난제를 해결해 줄 것을 간절히 하소연하게 되었다.

> ▪이마두가 원시의 모든 신성과 불타와 보살들과 더불어 인류와 신명계의 큰 겁액을 구천에 있는 나에게 하소연 하므로... 드디어 갑자년에 스스로 이 세상에 내려왔나 니...(2:30:11~16)

그리하여 증산 상제님이 이 땅에 강세하여 천지공사를 집행함으로써 인류와 신명계에 걸친 대재앙을 막았던 것이다. 그 이후 과학기술은 이러한 방향으로 발전해 온 것이다. 따라서 우리가 누리는 현대과학과 기술문명은 후천 조화문명의 전단계의 문명으로 이해할 수 있다.

현대과학은 분명 후천선경에서 누릴 수 있는 과학문명의 혜택을 모두 실현한 것은 아니지만 그 전모를 충분히 예측해볼 수 있는 수준에 도달해 있다고 할 수 있다. 따라서 현대과학의 발달상을 통해서 후천선경의 모습을 어느 정도 그려볼 수 있다.

현대사회의 변화를 주도하는 것은 무엇보다도 정보통신기

술(IT, Information Thechnology)이다. 현재 디지털의 융합으로 새로운 IT가 속속 등장하고 있다. 디지털 융합(디지털 컨버전스)에는 '정보의 융합'이나 '네트워크의 융합', '기기의 융합' 등이 있다.[103] 예를 들어 요즘의 휴대전화는 디지털 기기와 다양한 서비스가 융합되어 음악, TV, 사진, 인터넷, 교통카드, 교통 안내 서비스까지 받을 수 있다.[104]

IT를 대표하는 컴퓨터는 컴퓨니케이션compunication이라는 신조어가 나올 정도로 이미지, 음성, 문자 정보 등을 통합적으로 처리할 수 있는 복합적 기능을 가진다.[105] 컴퓨터는 인간을 정보처리기로, 자연을 처리될 정보로 보는 전통적 인지과학의 패러다임에서[106] 주객의 괴리를 메꾸어주는 역할을 한다.[107]

이제는 컴퓨터가 단순히 인간 지능의 보완물이 아니라 그것

---

103) 대표적인 디지털 융합에는 와이브로와 DMB서비스가 있다. 와이브로는 이동하면서 초고속 인터넷을 이용할 수 있는 서비스이고, DMB서비스는 디지털 오디오나 영상서비스를 개인이 휴대하는 단말기로 언제 어디서나 즐길 수 있는 휴대이동방송이다. 무선원격제어어서비스, 지능형 자동차, 인터넷전화서비스 등 헤아릴 수 없이 많은 기술들이 등장하고 있다.

104) 그리고 메모리, 중앙처리장치(CPU) 등의 디지털 기술이 빠르게 발전하면서 카메라, MP3 플레이어, 방송 수신, 영상통화, 무선인터넷, 신용카드, 교통카드 등의 기능이 쉽게 결합될 수 있게 되었다.

105) 미디어학자인 볼터J. Volter는 컴퓨터를 시계, 증기기관과 더불어 한 문명을 상징하는 '규정 기술'defining technology이라 평가한다.

106) 이봉재,「컴퓨터, 사이버 스페이스, 유아론」, 298쪽.

107) 이와는 달리 토플러E. Toffler는 컴퓨터가 탈대중화 미디어의 성격을 가진다고 보았는데, 이렇게 본다면 이른 바 제3물결the third weve의 시대는 정보화의 시대, 미디어의 시대라고 할 수 있다.

을 대신할 수 있다는 파격적 견해가 대두하고 있다. 실제로 경제학자 리프킨J.Rifkin은 컴퓨터로 대표되는 기계가 인간을 대신한다는 악몽의 시나리오를 매우 현실감있게 그린다.[108] 금세기 영국의 천재 물리학자인 호킹S.Hocking도 컴퓨터의 발달 속도와 복잡성이 매 18개월 마다 두 배로 발전하기 때문에 결국 인간 두뇌와 유사한 지능을 가지게 될 것이라고 시인했다.[109]

컴퓨터가 미치는 폭발적 파급력은 기술의 미래를 상징하는 사이버 스페이스(가상공간)를 창조한다는 데 있다. 이 용어를 처음 사용한 사람은 SF 작가 깁슨W.Gibson[110]이다. 그의 공상과학

▪️Pangea 슈퍼 컴퓨터. 프랑스 Total사가 2013년 구축한 컴퓨터 시스템.

108) 이인식 엮음(2002), 299쪽 참고.
109) 이인식 엮음(2002), 345.
110) 이봉재, 「컴퓨터, 사이버 스페이스, 유아론」, 이인식 엮음, 『새로운 천년의 과학』, 308쪽.

소설인 『뉴로멘서』에서는 인간과 컴퓨터의 인터스페이스가 발달하여 생겨나는, 일종의 잡종이 적나라하게 묘사되어 있다.

독일의 기술철학자 캅E.Kapp에 설에 따르면 손도구들은 손의 연장이고, 자동차는 발의 연장이며, 컴퓨터는 두뇌의 연장이다.[111] 그런데 셸리M.Shelly의 『프랑켄슈타인』이라는 작품에서 의학도인 주인공 프랑켄슈타인이 만든 괴물은 그것을 만든 주인의 통제를 벗어난다. 이것은 컴퓨터의 무한한 가능성을 보여주는 것으로 해석된다.

실제로 영화 『매트릭스』는 인간과 로봇 사이에 전개되는 사이버 스페이스에서의 숨막히는 대립을 전개한다. 여기서 인간과 기계 로봇은 현실과 가상 공간을 자유자재로 넘나든다. 매트릭스의 세계에서 인간은 기계의 완전한 통제 아래 살 뿐이다.[112] 이러한 매트릭스적 존재는 일종의 자동기계automata인데, 그 속성은 피드백feedback이다.

---

111) Kapp, E., *Grundlinien einer Philosophie der Technik zur Entschtehungsgeschichte der Kultur aus neuen Gesichtspunkten*, Braunschweig 1877.

112) 이 영화에서 기계 로봇은 인간처럼 자율적인 존재로 발전한다. 이에 위협을 느낀 인간들은 기계와 전쟁을 하기에 이른다. 전세가 기계 로봇 쪽으로 기울자 인간은 최후의 수단으로 로봇들의 에너지원인 태양을 짙은 연막으로 차단해버린다. 그러나 기계는 태양을 대체할 에너지원으로 인간의 생체에너지를 이용하여 결국 인간은 패배하게 된다. 기계 로봇들은 인간을 대량으로 배양하여 인큐베이터에 가두어 키우고 매트릭스라는 거대한 컴퓨터 프로그램을 만들어 모든 인큐베이터의 인간들을 프로그램화시켜 각자의 목적대로 1999년도라는 허상의 세계를 만든다. 인간의 모든 활동이 정확한 규칙의 프로그램 속에서 진행된다.

1947년 위너N.Wiener는 사이버네틱스cybernetics[113]라는 새로운 유행어를 만들어내고 같은 제목의 책을 출간했다. 이 책은 현재 컴퓨터를 비롯한 공학과 생물, 생리, 사회, 생태학 등 광범한 분야에 폭발적인 영향을 미치고 있다.[114]

사이버네틱스의 막대한 영향은 '사이보그cyborg'(cybernetic+organism)에서 찾을 수 있다. 사이보그는 시뮬레이션 과학자인 클라이니스M.Clynes와 임상병리학자인 클라인N.Kline이 만들어낸 말인데, 인간과 기계의 복합체로서 인간이나 기계보다 더 완벽하다고 보았다.

이 모든 것은 불확실한 미래에 대한 인간의 불안을 잘 대변해 준다. 과학과 기술의 지나친 발전이 오히려 인간의 미래를 어둡게 하지는 않을까 하는 우려인 것이다. 사실 과학과 기술의 발전이 몰고 올 윤리적 문제는 진지하게 받아들이지 않으면 안 될 것이다. 그러나 이러한 문제를 해결하려는 과학과 기술의 끈질긴 노력 역시도 하나 둘 결실을 맺고 있다.

사이보그 이론은 로봇산업으로 급속히 현실화되고 있다.[115]

---

113) 독일어로는 'Kybernetik'으로 조종과 통제를 뜻하는 'kubernetics'에서 유래함.

114) 피드백에 의한 통제라는 사이버네틱스의 중심 개념은 섀넌C. Shannon의 정보이론information theory과 결합하면서 생물학 분야의 발전에 커다란 영향을 미치기도 했다.

115) 로봇이란 체코어로 '일하다'는 뜻의 'robota'에서 비롯되었다. 로봇은 첫째, 인간을 대신해서 일을 하거나 도움을 주어야 하고, 둘째, 자동 장치로 움직여야 하며, 셋째, 주변의 상황에 스스로 반응해야 한다.

로봇에는 산업용과 지능형이 있다. 산업용은 인간의 노동을 대신할 수 있다. 물건을 들어 올리거나 용접과 같은 공업용 로봇과 매우 높은 정밀도를 가진 수술로봇이 그 예다. 전쟁터를 누비는 군사로봇은 폭발물 처리, 정찰, 군수물자 수기, 전투 및 화력지원 등의 위험한 역할을 한다.[116)]

지능형 로봇의 가능성은 1997년 슈퍼 컴퓨터인 딥블루가 체스(서양 장기) 역사상 가장 위대한 선수라고 하는 게리 카스파로프를 물리쳐 사람들을 충격에 빠지게 한 사건에 잘 나타난다. 학습 과정의 규칙을 발견해서 프로그램으로 만든다면 로봇은 스스로 배울 수도 있다.

또한 컴퓨터가 창출한 사이버 스페이스는 실제로 나노기술 Nano Technology(NT)로 구체화되고 있다. 이것은 가히 혁명적으로 원자나 분자 정도의 단위에서 물질을 합성, 조립, 제어하며 혹은 그 성질을 측정, 규명하는 놀라운 기술이다.[117)] 일반적인

---

116) 이밖에 해저 탐사 로봇이나 화성 탐사에서 활동한 스피릿, 오퍼튜니티 같은 우주 탐사 로봇, 혈류를 타고 다니면서 병원균을 없애거나 손상된 세포를 살리는 나노로봇, 가정생활에 도움을 주는 PC 기반의 생활로봇, 노약자나 장애인을 위한 복지형 로봇 등도 있다.

117) 일반적으로는 크기가 1 내지 100나노미터 범위의 재료나 대상에 대한 기술을 나노기술이라 한다. 나노는 난쟁이를 뜻하는 그리스어 'nanos'에서 유래한다. 1나노초(ns)는 10억 분의 1초를 뜻한다. 1나노미터(nm)는 10억 분의 1m로서 사람 머리카락 굵기의 10만 분의 1, 대략 원자 3~4개의 크기에 해당한다. 사람이 눈으로 확인할 수 있는 크기가 0.1mm인데, 나노 크기는 머리카락보다 8만 배쯤 작다. 1m와 1나노미터의 차이는 서울에서 부산까지의 거리와 새끼손가락 길이의 차이에 해당한다. 나노기술은 1959년 미국의 노벨물리학상 수상자인 리처드 파인만 교수가 '바닥에는 풍부한 공간이 있다'는 제목의 연설에서 처음 제시했다. 파인만

물체가 나노미터 크기로 축소되면 물체의 구조나 성질도 달라진다. 나노 기술의 응용 분야는 실로 광범위하여 이루 열거하기 어렵다.[118]

전자, 통신분야에서는 낮은 전력소모와 적은 생산 비용으로 백만 배 이상의 성능을 갖춘 나노 구조의 마이크로프로세서 소자, 10배 이상의 대역폭과 높은 전달속도를 갖춘 통신 시스템, 현재보다 용량은 크고 크기는 작은 정보저장장치, 대용량 정보를 수집 처리하는 집적화된 나노 센서시스템, 메모리반도체, 포켓사이즈 슈퍼 로봇 등이 가능하다.

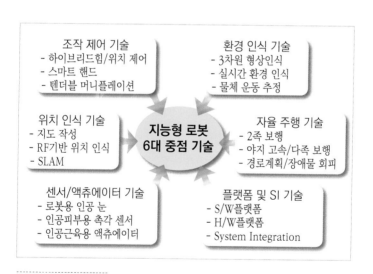

은 브리태니커 사전 24권에 들어 있는 모든 내용을 하나의 핀 머리에 기록할 수 있다고 했다.

118) 여기 서술한 나노 관계 정보는 노승정 외,『나노의 세계』(2006)를 참고했음.

신호등, 공항, 텔레비전 등에 사용하는 발광다이오드LED와 이보다 훨씬 선명하고 전기 소모가 적은 유기물 발광소자OLED 에도 나노가 자용된다. 에어컨, 세탁기, 공기청정기 같은 전자 제품에는 나노실버를 이용한다.

재료와 제조분야에서는 나노 구조 금속 및 세라믹, 원자단 위에서 설계된 고강도의 소재, 고성능의 촉매, 뛰어난 색감을 갖는 나노 입자를 이용한 인쇄, 나노 크기를 측정할 수 있는 새로운 표준, 절삭공구나 전기적, 화학적, 구조적 응용을 위한 나노코팅 등이다.

의료 분야에서는 진단과 치료의 혁명을 가져올 빠르고 효과 적인 염기서열 분석, 원격진료 및 생체이식소자를 이용한 보건 치료, 나노 구조물을 통한 새로운 약물전달 시스템, 내구성 및 생체 친화력 있는 인공기관, 인체의 질병을 진단, 예방할 수 있 는 나노센싱 시스템 등이다. 또 나노기술로 암이나 후천성면역 결핍증AIDS과 같은 난치병이나 신체장애를 극복할 수 있다.

생명공학 분야에서는 하이브리드 시스템의 합성피부, 유전 자의 분석과 조작, 분자공학으로 제작된 생화학적으로 분해 가능한 화학물질, 동식물의 유전자 개선, 동물에게 유전자와 약물공급, 나노 배열을 기반으로 한 분석기술을 이용한 DNA 분석 등을 행하게 된다.

환경, 에너지 분야에서는 새로운 배터리, 청정연료의 광합 성, 양자 태양전지, 나노미터 크기의 다공질 촉매제, 극미세

오염물질을 제거할 수 있는 다공질 물질, 자동차산업에서 금속을 대체할 나노 입자 강화 폴리머, 무기물질, 폴리머의 나노 입자를 이용한 내마모성, 친환경성 타이어 등이다.

국방 분야에서는 무기체계의 변화, 무인 원격무기, 은폐 Stealth 무기 등이다. 항공우주 분야에서는 저전력, 항방사능을 갖는 고성능 컴퓨터, 마이크로 우주선을 위한 나노기기, 나노 구조 센서, 나노 전자공학을 이용한 항공 전자공학, 내열, 내마모성을 갖는 나노 코팅 등이다.

컴퓨터의 보편적 생활화를 주도할 또 하나의 시스템은 유비쿼터스 컴퓨팅ubiquitous computing이다. 'ubiquotous'[119]는 "언제 어디에나 있는"이라는 라틴어에서 유래한다. 언제 어디서나 컴퓨터나 네트워크를 활용할 수 있는 환경을 말한다. 즉, 컴퓨터가 공기나 물처럼 도처에 깔려 있어 인지와 추적을 통해 상황 인식이 가능한 서비스를 제공하는 환경이다. 이 기술은 현실계와 사이버 스페이스를 결합시킨 것이다.

실질적인 유비쿼터스 연구는 1988년, 제록스의 팰러앨토 연구소의 와이저M.Weiser박사가 '유비쿼터스 컴퓨팅', '보이지 않는 컴퓨팅'invisible computing, '사라지는 컴퓨팅'disappear

---

119) 이 개념은 1998년 미국 제록스 팔로알토 연구소의 와이저M. Weiser 소장이 처음 사용했다. 와이저 소장은 유비쿼터스 컴퓨팅이 메인프레임, PC에 이은 제3의 정보혁명의 물결을 이끌 것이라고 주장했다.

computing이라는 기본 개념[120]을 제안하면서 본격적으로 시작된다.[121] 스마트 더스트smart dust('똑똑한 먼지') 기술은 먼지 크기의 센서를 건물, 나무, 방, 생활용품 등 주변에 뿌려 온도나 습도 혹은 기타 필요한 정보를 무선 네트워크로 감지한다. 또 옷으로 입는 컴퓨터는 섬유에 컴퓨터를 장착하여 모든 기능을

■ 유비쿼터스 컴퓨팅 개념도

오피스 네트워크　　손목시계와 입는 컴퓨터

자동차 네트워크

전자상거래 네트워크　　　　　　지능형 홈네트워크

120) 사라지는 컴퓨팅에서 '사라지다disappear'의 개념은 일상의 사물과 컴퓨터가 구분이 안 될 정도로 사물의 특성이 사라지는 것을 말한다. 보이지 않는 컴퓨팅에서 '보이지 않는다invisible'는 개념은 이용가능한 다수의 컴퓨터를 주변의 물리적 환경에 배치해, 기존 컴퓨터의 능력을 향상시키고 사용자의 능률도 높이는 것이다. 조용한 컴퓨팅에서 '조용한(calm)'은 인간의 지각과 인지력이 잘 감지하지 못한다는 뜻이다.

121) http://blog.naver.com/ PostView.nhn?blogId=ljh95811&logNo=220302854016 참고.

자동으로 수행한다.

　이러한 현대 첨단문명은 인간의 삶, 구체적으로는 의·식·주의 각 분야에서 획기적으로 발휘되어 전혀 다른 삶을 가능하게 할 것으로 보인다.

　상제님께서도 앞으로 잠자리 속날개와 같은 옷이 나온다고 하셨다. 실제로 미국의 듀퐁사는 주위 환경에 맞는 온도를 스스로 유지할 수 있는 지능형 옷감을 개발했다고 한다. 또 장차 외모만이 아니라 그 사람의 기분까지도 새롭게 만드는 옷도 가능해질 것으로 보인다.

　미래의 식품은 영양학적으로 각 영양소가 균형있게 들어 있는 우주식이 될 것이다. 그래서 누구나 어떤 상황에서도 그 환경에 맞는 영양소가 저절로 작동하도록 만들어진 음식을 섭취하게 될 것이다.

　미래의 주택은 인간의 주거에 필요한 그 모든 것을 스스로 알아서 변환시키고 제공하는 지능형 주택이 될 것이다. 뿐만 아니라 건축과 이동이 간편하고 자유로운 형태가 될 것이다.

　상제님은 서양의 문명이 하늘로부터 내려온 것이므로 없애지 않고 새롭게 발전시키는 공사를 보셨다. "그들의 문명이기는 하늘로부터 내려온 것이니라."(5:340) 이것은 아주 중요한 사실을 말해준다. 서양의 과학기술은 비록 많은 병폐를 가지고 있지만 그 근원이 신성한 것이고, 또 우주의 운이 그럴 수밖에 없었던 점을 감안하여 후천에도 계속적인 과학기술의 발전이 필요함을 말한 것이다. 그러므로 현재 진행 중인 첨단 과학기술의 비약적 발전은 모두 후천세상의 모습을 미루어 짐작해 볼 수 있는 모델의 역할을 한다고 할 수 있다.

후천의 과학기술은 선천에 비해서 비약적으로 발전하기 때문에 전혀 다른 세계를 건설하는 원동력으로 계속 작용하게 된다. 혹은 선천의 과학기술이 극으로 발달하면 그 한계를 돌파해서 새로운 문명이 탄생하는 것이라고 할 수 있다.

- 운거를 타고 공중을 날아 먼 데와 험한 데를 다니고 땅을 주름잡고 다니며 가고 싶은 곳을 경각에 왕래하리라.(7:5:4)
- 서양에도 마음대로 가고 하늘 끝으로 새처럼 날아오르기도 하며, 풍운조화가 마음대로 되고 둔갑정신이 하고자 하는 대로 이루어지며(7:6:4)

이쯤 되면 이런 문명은 더 이상 과학이 아니라, 그것을 뛰어넘은 도술문명 혹은 조화선경이라고 불러야 할 것이다. 선천의 과학문명과 후천의 문명이 합쳐서 새로운 문명이 탄생하는 것이다. "후천이 되어 세상이 극치의 발전을 할 것 같으면, 동서양이 합해져서 유형문화와 무형문화가 하나의 문화권으로 합일해서 통일문화가 이루어지는 것이다."[122]

> ■ 장차 하늘에 배가 뜨고, 옷도 툭툭 털어서 입는 잠자리
> 속날개 같은 옷이 나오느니라. 축지술을 배우지 말라.
> 운거를 타고 어거駆車하여 만릿길을 경각에 대리라. 용
> 력술을 배우지 말라. 기차와 윤선으로 백만 근을 운반
> 하리라.(7:7:3~7)

이로써 물질문명은 더 이상 나아갈 수 없을 정도로 발전하
여 물질과 정신의 경계를 돌파하게 된다. 그래서 증산 상제님
은 "선천은 기계선경이요, 후천은 조화선경이니라."(7:8:1~3)
고 하셨다. 선천과학의 산물인 기계는 과학기술의 표상이다.
이에 대비되는 조화는 과학기술의 차원을 뛰어 넘는 정신적인
차원을 말한다. 말하자면 후천에는 인간의 정신이 고도로 고
양되어 신선들의 경지에 이른다는 것이다. 그러면 여기서 인
간은 과연 행복할까?

인간이 과연 행복한가를 묻기 이전에 인간이 현실적으로 행
복하게 살아갈 수 있기 위한 조건들에는 무엇이 있는지를 더
알아볼 필요가 있다. 행복이 과연 무엇인지를 한 마디로 규정
하기는 매우 어려운 것이지만 그 객관적인 조건과 기준은 더
생각해 볼 수 있기 때문이다. 위에서는 물질적 조건에 대해서

---
122) 안운산, 『천지의 도 춘생추살』, 276쪽.

알아보았으므로 이제는 정신적인 조건을 알아볼 차례다.

③ 만사지문화의 제도들

인간이 현실적으로 행복하게 살아가기 위한 조건에는 여러 가지가 있을 수 있다. 인간은 사회적 동물이라고 했다. 인간이 살아가기 위해서 가장 커다란 환경이 되는 자연에 대해서는 이미 앞에서 고찰했다. 인간이 건설한 문명 역시 앞에서 이미 살펴보았으므로 이제 문명의 얼개를 이루는 제도적인 측면 혹은 정신적인 측면에서 접근할 필요가 있다.

인간은 무엇보다도 의식주의 문제를 해결해야만 현실적으로 살아갈 수 있다. 의식주의 문제를 총괄하는 것이 곧 경제이다. 단 여기서는 경제문제 자체가 아니라 그 제도적인 면을 살펴보아야 한다. 경제문제 전반을 포괄하는 것을 증산 상제님은 "복록福祿"이라는 용어로 나타내셨다. 그러나 복록에서 복과 록은 모두 복을 뜻하기 때문에 복이란 과연 무엇인지를 알아야 할 것이다. 복이란 쉽게는 행복이라고도 할 수 있고, 나아가서 선천적으로 타고난 가치를 통칭할 수 있다. 록 역시도 녹봉이란 뜻 외에도 선천적으로, 운명적으로 타고난 여러 가치를 일컫는다. 그러므로 복록이란 이러한 모두를 포함하는 개념이다. 인간이 타고난 복이나 녹은 건강이나, 재운, 재능, 가족이나 친척, 기타 자신의 노력에 의해서 혹은 저절로 부여되는 가치를 일컫는다. 사람은 어떤 경우에도 이런저런 복록을 가지고 있기 마련이다. 그러나 여기서 말하는 복록이란 부정적인 것이 아니라 긍정적인 가치를 일컫는다. 예컨대 경제적으로 빈한하고, 체질적으로 허약하며, 빈약한 재능을 가진 것을 복록이 주어졌다고 할 수는 없다는 것이다. 쉽게 말해서 정상적인 생활을 하는 데 지장이 없을 정도의, 나아가서 그 이상의 생활을 할 수 있는 조건을 말한다.

이처럼 복록을 중시하는 생각을 중록사상이라고 하며, 그 핵심은 인간의 현실적인 생활에서 과연 무엇이 가장 필요한 조건이냐 하는 것이다. 선천에는 오래 사는 것을 복으로 여겼다면 후천에는 그렇게 오래 살기만 하는 것이 아니라 유복하게 오래 사는 것을 진정한 행복이라 본다. 그런데 복록에서 가장 중요하고 기본적인 것은 물질적인 조건이다. 물론 물질 이외의 다른 조건들도 필요하지만 중요성에 있어서는 단연 물질이라는 것이다. 왜냐하면 물질적 조건은 다른 조건들에 우선하는 기초를 이루기 때문이다.

▪ 선천에는 수명壽命 복록福祿이라 하여 수명을 앞세우고 복록을 뒤로 하였으나 복록이 없이 수명만 있으면 산송장이나 마찬가지니라. 나는 복록을 먼저 하고 수명은 다음이니 그러므로 후천에는 걸인이 없느니라. 이제는 복록을 먼저 하라. 녹祿 떨어지면 죽느니라.(2:25:5-7)

인간은 혼자 살아갈 수 없다. 사회나 국가 안에서 다른 사람들과의 관계 가운데서 살고 있는 것이다. 아무리 나 혼자 잘살고 싶어도 국가나 사회나 이웃이 그렇지 못하면 많은 문제거리에 봉착하기 마련이다. 그래서 국가나 사회의 제도적인 측면이 중요한 역할을 하는 것이다. 왜냐하면 현실적이고 합리적인 제도와 그렇지 않은 제도는 복록과 관련하여 많은 차이점을 가질 것이기 때문이다. 결국 나 개인의 복록은 많은 측면에서 국가나 사회의 제도에 의해 좌우되는 것이다.

플라톤이 인간을 국가적 존재로 규정한 것은 이러한 배경을 가진다. 그가 보기에 인간은 이상적인 국가 안에서 비로소 행복하게 살 수 있다. 그는 통치자, 수호자, 생산자라는 세 계급의 균형을 통해서 국가 전체의 정의가 실현되고 그 상태에서 개인은 비로소 참된 행복을 누릴 수 있다고 보았다. 인간은 인간에 대해서 늑대요, 만인은 만인의 적이라 주장한 토마스 홉스는 인간은 욕망에 휘둘리는 위험한 존재이기 때문에 이것을 효율적으로 통제할 수 있는 국가가 꼭 필요하다고 했으며[123], 쇼펜하우어 역시도 비록 독재국가라도 없는 것보다는 있는 것이 낫다고 하였다. 또 근대철학을 넘어서 고대철학의 최고봉을 다시 회복한 헤겔의 사회사상을 지탱하는 근간 역시 국가의 존재가 필수적이라는 사실에 있다. 이처럼 오늘날에 국가의 존재는 거의 필연적인 것으로 받아들여지고 있는 것이 현

123) 신재일 옮김, 토마스 홉스 지음, 『리바이어던』, 파주: 서해문집 2007 참고.

실이다. 그렇다면 후천에는 어떤 국가가 등장할 것인가?

■ 앞으로 세계 여러 나라들이 일어나 각기 재주 자랑을
하리니 큰 재주가 나올수록 때가 가까이 온 것이니라.
재주 자랑이 끝난 후엔 도술로 세상을 평정하리니 도술
정부가 수립되어 우주일가를 이루리라.(7:8:1~2)

여기서 말하는 도술정부란 무엇인가? 위의 문맥으로 볼 때,
재주를 부리는 것을 위주로 하는, 힘자랑을 하는 정부가 아니
라 정법正法이라는 도道와 일의 방법이나 기술, 꾀라는 뜻의 술
術을 합친 국가를 뜻한다. 다시 말하면 다른 나라와 힘겨루기
를 하고 국민들의 삶은 뒷전인 오늘날의 패권국가와 같은 것
이 아니라 진정으로 국민들의 삶을 중시하고 또 세속적인 치
세에도 게으르지 않는 건실한 국가를 말한다. 덕치가 중심이
되는 국가라고 할 수 있다. 국가의 성격이 그러하다면 그 규모
는 얼마나 될 것인가?

■ 말씀하시기를 "일 적이 열 사람이니라." 하시니... 상제
님께서 다시 "십만 인 적이면 어떠하냐?" 하시니 경학
이 비로소 "십만 인 적이면 가하겠습니다." 하고 대답하
거늘 상제님께서 글을 써서 불사르시니라.(7:56:6)

이 말씀에 따르면 후천의 국가는 도시국가 정도의 크기다. 십만인 적이란 일 적이 열 사람이므로 결국 백만 명이다. 인구 백만을 가진 도시는 우리 나라의 작은 광역시 정도의 크기로 서 매우 작은 규모라고 할 수 있다. 지구상에는 수많은 종족이 있고, 나라마다 고유의 문화와 전통이 있다. "앞세상에는 족속에 따라 나라를 세우리라."(5:332:9), "가을의 새 문명은 삼천 나라로 열려 꽃핀다."(5:306:6)고 하신 말씀처럼, 종족단위로 국가가 건설된다는 뜻이다.

그러면 왜 이렇게 국가의 규모가 작은 것일까? 일찍이 노자는 인류의 이상향을 소국과민小國寡民이라 했는데, 이는 앞세상을 뚫어본 선견지명에서 오는 탁월한 견해였던 것이다. 국가가 크면 좋을 것 같지만 비효율적이고 또 권력이 부패하기 쉬우며, 여러 가지 기회 비용과 유지 비용이 너무 불필요하게 많이 들어갈 수 있다. 행정과 치안 공백으로 사회적 혼란이 끊일 날이 없을 확률이 매우 높은 것이다. 뿐만 아니라 종족이 다르면 문화적, 전통적 갈등이 유발될 수가 있고 또 여러 가지 생각하지 못한 일이 발생할 우려가 있는 것이다. 오늘날의 규모가 큰 여러 국가의 면모를 살펴보면 잘 이해가 될 것이다.

후천의 문명은 천상문명을 이식한 서양 근대문명을 더욱 발전시킨 바탕에서 이루어진 것이다. 그러면 후천에 지구에 우주의 통일문명이 건설될 것이라 했는데, 그 천국은 어떤 모습을 하고 있을 것인가?

- 하늘에도 나라가 있고 나라마다 각 고을마다 다 장수가 있느니라.(5:368:11)
- 인륜보다 천륜이 크니 천륜으로 우주일가니라.(4:29:1)

하늘에도 지구와 같은 문명이 건설되어 그 곳에도 사람이 산다. 그래서 우주일가라고 한 것이다. 후천의 문명과 국가 범위는 이처럼 지구의 범위를 벗어나 우주로 확대되는 것이다. 우주일가란 이를 두고 하는 말이다. 그렇다면 후천의 사회는 어떤 시스템으로 구성될 것인가? 이에 대해서는 다소 복잡한 논의가 필요하다.

- 후천에는 덕을 근본으로 삼아 이 길에서 모든 복록과 영화를 찾게 되느니라.(7:4:6)
- 빈부의 차별이 철폐되며, 맛있는 음식과 좋은 옷이 바라는 대로 빼닫이 칸에 나타나며...(7:5:3)

후천에는 경제적인 차별은 거의 약화되거나 철폐된다. 물론 경제는 삶의 토대이기 때문에 대단히 중요하지만 그것이 삶의 궁극적인 목적이 될 수는 없다. 그러므로 후천에는 덕을 근본으로 삼는다고 했다. 또 상제님은 후천에 닦은 바의 기국에 따라 도통을 준다고 했다. 후천에는 경제적인 차별이 철폐되고 만민이 평등하지만 그 어떤 차등은 있을 수밖에 없는데, 그것은 포괄적으로 말해서 인격의 완성도라고 할 수 있다. 그러나 그 기준은 지금과는 달라진다. 순박하고 단순하며, 정직한 사람이 그러한 기준에 합치하는 것이다.

- 들판에서 농사짓는 사람과 산중에서 화전 파는 사람과 남에게 맞고도 대항하지 못하는 사람이 살아야 하겠나이다. ...네 말이 옳으니 그들이 상등 사람이니라. (7:53:4~5)
- 후천에는 농민도 상등 사람이니라.(7:54:1)
- 음도陰道를 보내고 양도陽道를 오게 하여 다 같이 잘 사는 세상을 만들려 하노라. ...개고기는 농민들이 먹는 고기이니 그들을 상등 사람으로 만들기 위함이라. (9:167:6~9)
- 남이 트집을 잡아 싸우려 할지라도 마음을 눅여 지는 사람이 상등 사람이라(8:50:4)

선천에는 지식이 있다거나, 돈이 있다거나, 권력이 있다거나, 아니면 명예가 있는 사람이 사회적으로 존경받는 사회적 계급이었다. 그러한 수단이 과연 어떻게 마련되었나 하는 문제에는 관심을 기울이지 않았다. 그러나 후천에는 양도陽道가 아니라 음도陰道가 실현되기 때문에 물질이나 외면이 아니라 정신이나 내면이 중시되는 새로운 세상이 열리는 것이다. 후천에도 신분이 있다면 이런 의미의 신분이다. 계급이 있다면 이런 의미의 계급이다. 선천에 차별을 받던 농민이나 생산계급의 사람들은 지식이나 돈의 측면에서 보면 열등한 사람들이었지만 이러한 내면적 인격의 측면에서 보면 오히려 더 순수하고 선하며, 정의에 근접한 인격을 가졌다고 할 수 있을 것이다.

또한 선천의 사회제도에서 중요한 역할을 했던 것이 남녀불평등의 문제이다.

- 선천은 천지비天地否요, 후천은 지천태地天泰니라.(2:51:1)
- 정음정양으로 건곤을 짓게 하리니 이 뒤로는 예법을 다시 꾸며 여자의 말을 듣지 않고는 함부로 남자의 권리를 행치 못하게 하리라.(4:59:2~3)

선천은 양도시대라고 했거니와 남자가 여자를 "완롱거리와 사역거리"(4:59:2)로 삼았다. 즉 심한 말로 여자를 노예나 장난감 정도로 여겼다는 것이다. 그래서 상제님은 "여자의 원한이 천지에 가득 차서 천지운로를 가로막고 그 화액이 장차 터져 나와 마침내 인간 세상을 멸망하게 하느니라."(2:52:2)고 하셨다. 서양 중세의 마녀사냥과 중국의 전족, 그리고 우리나라 조선시대의 여자에 대한 차별을 생각해 보면 금방 이해가 될 것이다. 그래서 후천은 "남녀동권시대"(2:53:2)라고 하였다. 물론 원래는 남녀동권이 아니라 여성상위가 되어야 선천과 반대가 되겠지만 상제님은 남자와 여자가 같은 인간으로서 평등하다는 점에서 동권을 말씀하신 것이다. 요즘 페미니스트들의 주장처럼 여성상위가 아니라는 말이다. 그 이유는 무엇일까? 그것은 아마도 여성상위가 되면 다시 남자들의 원한이 쌓일 것이기 때문이 아닐까 한다. 후천이 선천에 쌓인 원한을 푸는 시대라면 그 누구의 원한도 남겨서는 안 될 것이다. 남녀는 기회의 균등이라는 의미에서 인격적으로 평등하지만 다만 그 고유한 역할은 다르다.

다음으로 후천 문화의 통일을 논할 차례다. 위에서 후천에는 각 족속마다 나라를 세우고 고유 문화와 전통을 보존, 발전시킨다고 했다. 후천은 무엇보다도 통일과 화합의 시대다. 그러면 후천의 통일된 문화는 어떤 것일까?

> ■ 이제 천하를 한집안으로 통일하나니 온 인류가 한가족이 되어 화기가 무르녹고... 장차 천하만방의 언어와 문자를 통일하고 인종의 차별을 없애리라. 후천은 온갖 변화가 통일로 돌아가느니라.(2:19:3~7)

미국의 언어학자 촘스키는 인간을 언어적 동물이라고 정의했다. 또 독일의 문화철학자 캇시러는 인간을 상징적 동물이라고 정의하면서 문화의 내용 가운데 언어를 지적했다. 또 헤겔 이후 최대의 사회철학자라는 위르겐 하버마스도 카뮤니케이션이 현대사회의 가장 중요한 역할을 한다고 결론짓고 담론(discurs), 즉 이상적인 대화상황이 이루어지는 사회가 또한 이상적인 사회라고 역설했다. 즉 인간이 인간다운 것은 언어의 사용에서 가장 잘 드러난다는 것이다. 인간은 언어를 통해서 서로의 의사를 소통하고 대화를 통해서 대립과 반목을 넘어서 화합과 통일을 이룩할 수 있다. 만일 언어가 서로 달라 대화할 수 없다면 서로의 마음을 확인할 수도 없고 상호소통이 불가능하여 분열과 질시를 가속화하게 될 것이다. 기독교 성경에는 인간의 언어가 서로 다르도록 하여 분열과 반목을 가속화했다고 전한다. 일리가 있는 설정이다. 이런 취지에서 현대에 접어들어 에스페란토어라는 국제 공용어를 만들어 사용하고 있기는 하지만 그 효과와 사용실태 면에서는 고무적인 것은 아닌 듯하다. 그렇다면 후천에는 어떻게 될까?

> ■ 내가 아는 문자만으로도 능히 모든 사물을 기록할지니 앞으로는 쉽고 간단한 문자로 천하에 통용되도록 하리라. 장차 우리나라 말과 글을 세계 사람이 배워가리라.(5:11:2~3)

물론 지금 현재도 한글은 세계에서 앞 다투어 배우고 인기 있는 언어로 부상하고 있는 실정이다. 아직 영어나 다른 언어에는 미치지 못하는 면이 있겠지만 급속한 발전을 이룩하고 있는 것만은 사실이다. 언어가 통일되면 학문, 예술, 종교, 사상, 철학, 문학 등등 여러 가지 정신문화가 소통되고 통일되기 위한 발판이 마련된다.

한편 인간이 살아가면서 가장 중요한 사건 중의 하나가 죽음이다. 그래서 예로부터 상례喪禮는 중요한 제도사적 의미를 가지고 있었다. 요즘 안락사나 존엄사가 사회적 이슈로 부각되고, 또 화장법이나 수목장 등이 인기를 끌면서 전통적인 매장법이 급격히 줄어들고 있는 실정이다. 그러면 후천에는 어떠한 장례법이 등장할 것인가?

- 선천에는 백골을 묻어 장사지냈으나, 후천에는 백골을 묻지 않고 장사지내게 되느니라.(7:52:10)
- 내 세상에는 백골을 묻지 않고 장사지내나니 앞으로의 장례는 초혼장招魂葬이니라.(3:254:12)

후천의 장례법이 선천과 다른 이유는 달라진 지구적 환경에서 찾을 수 있다. 선천에는 지구의 혈이 제대로 통하지 않아 지역적 차이는 물론 같은 지역에서도 좋은 장소와 그렇지 않은 장소, 즉 명당과 명당이 아닌 곳이 따로 있었다. 그러나 후천에는 이러한 차이가 사라지기 때문에 명당을 찾을 필요가 없어지는 것이다. 그러므로 백골을 매장하지 않고 초혼만으로 대체하게 된다는 것이다. 그 구체적 방법이 무엇인지는 분명치 않으나 어떻든 명당을 찾아 매장하는 방법이 아닌 것만은 분명하다.

그 밖에 후천의 세상에 변화되는 제도적인 측면은 더욱 많이 고찰할 수 있겠으나 이 정도로 그친다.

④ 후천선경의 신인간

지금까지 후천의 제도에 대해서 간략히 고찰했는데, 이제는 이 제도를 배경으로 하여 살아가는 개별적인 인간에게는 어떤 영향이 미치는지를 살펴보기로 한다. 후천의 인간은 선천의 인간과는 다른 신인간이라 할 수 있는데 그 특징은 무엇인가?

후천의 세상을 단적으로 선경仙境이라고 정의할 수 있다. 여기서 선이란 선도를 뜻하는데, 선은 산에 사는 사람, 즉 신선이라는 뜻을 가지고 있다. 말하자면 선경이란 늙지도 죽지도 않는 선인의 경지를 말한다. 그런데 이 때의 선은 선천의 선도에서 말하는 선과는 질적인 차이를 가진다.

■ 이제 불지형체佛之形體 선지조화仙之造化 유지범절儒之凡節의 삼도를 통일하느니라. ...내가 유불선 기운을 속 뽑아서 선仙에 붙여 놓았느니라.(4:8:7~9)

말하자면 후천의 선은 선천의 유불선, 즉 선천문화의 진액을 거두어 열매를 맺는다는 의미의 선인 것이다. 선천의 선은 극히 제한된 사람만이 접근 가능한 것이고, 또 이 제한된 소수 마저도 온전히 가능한지는 의심스러운 상태였다. 이른 바 신선이나 도사道士가 과연 현실적으로 존재하는지 의심스러운 것이고, 단지 전설이나 설화에서만 가능한 것으로 여겨지는 것이다. 그런 데 반해서 후천의 선은 누구나 접근할 수 있는 근거리에 있으며, 그 성격 역시 선천의 유불선이라는 문화의 진액을 골고루 갖춘 보편성을 띄고 있는 것이다.

이런 성격과 일맥상통하는 것이 곧 요즘 인구에 많이 회자되는 영성문화다. 보통 영성靈性(spirituality)이란 궁극적 실재, 자신의 존재의 에센스를 발견할 수 있게 하는 내적인 길, 가장 깊은 가치들을 뜻한다. 명상, 기도, 묵상 또는 관조를 포함한 영적 수행은 각자 자신의 내적인 삶을 발전시키기 위한 것이다. 이러한 영적 수행을 통해 더 커다란 실재, 즉 자연이나 우주와 합일되며, 나아가서 신성의 영역divine realm과 합일되는 경험을 한다. 영성은 종종 삶에서 고귀한 영감을 주고 삶의 방향을 제시해주는 원천으로 작용한다.

이러한 영성을 후천의 영성문화로 보편화시켜주는 것이 선매숭자仙媒崇子다. 증산 상제님이 짜신 선매숭자도수는 선천의 불완전한 인간의 마음과 몸을 개벽하여 후천의 신인간으로 태어나도록 하는 공사의 일환이다. 선매란 선을 매개한다는 뜻으로 후천의 신선으로 태어날 수 있도록 매개하는 것을 말한다. 숭자崇子란 첫머리의 씨앗이나 큰 스승 등을 뜻한다. 그래서 선매숭자란 선천의 불완전한 문명을 후천의 선문명으로 매개하는 첫머리의 인간 씨종자를 뜻한다. 현실적으로는 증산상 제님을 가장 가까이에서 모셨던 김호연 성도가 선매숭자다.

- 상제님께서 순진무구한 소녀 호연을 새 생명을 개벽하는 선매숭자 도수에 붙여 9년 천지공사에 천지의 제물로 삼으시고...(3:6:5)
- 선매숭자가 있어야 사느니라. 호연에게 선맥을 전하리라.(3:25:1)

선매숭자도수는 인류의 몸과 정신을 개벽하여 신인간으로 만들기 위한 출발점을 이룬다. 김호연 성도는 열 살이 되던 해까지 125일간의 집중 수행을 통해 영성이 열려 신안이 열렸다고 한다. 그녀는 후천 신인간의 첫 모델이 된 것이다. 후천에는 음력 9월 9일이 어린이 날로 기념되며, 앞으로 모든 어린이는 아홉 살이 되는 이날부터 집중 수행을 하게 될 것이다.[124] 이를 통해 몸과 마음이 개벽됨으로써 후천의 수행문화, 영성문화, 몸개벽-정신개벽의 문을 활짝 연 것이다. 여기서 열쇠의 역할을 하는 중요한 것이 수행修行이다.

----
124) 안경전,『개벽실제상황』, 490쪽 참고.

수행을 하는 목적은 무엇일까? 인간은 몸과 마음을 가지고 있는데, 생명을 존속시킴으로써 이것을 계속 유지할 수 있다. 그런데 생명을 지속시키는 동력원이 되는 것이 곧 신장腎臟의 수기水氣인 정精이다. 정은 생명의 정수이며, 인간은 천지의 열매이기 때문에 결국은 천지의 수기인 셈이다. 그러면 이처럼 소중한 천지의 정수, 내 생명의 정수를 어떻게 잘 보호하고 관리해야 할 것인가 하는 것이 일대 과제이다.

> ▪ 도를 잘 닦는 자는 그 정혼이 굳게 뭉쳐서 죽어서 천상에 올라가 영원히 흩어지지 아니하나 도를 닦지 않는 자는 정혼이 흩어져서 연기와 같이 사라지느니라.(9:76:1~2)

정혼精魂이란 아마도 정이 뭉쳐져서 죽은 후에도 계속 존속하는 에너지가 되기 때문에 혼이라는 의미를 더하여 칭하는 것으로 보인다. 그러므로 몸과 마음을 수련하면 이러한 정혼이 잘 뭉쳐져서 죽어서도 멸하지 않고 계속적인 생명을 유지할 수 있게 된다. 그러므로 이런 도를 잘 닦으면 영원히 죽지 않고 살게 되는 것이다.

> ▪ 도를 닦으려면 체體부터 잡아야 하느니라. ...공부를 하다가 일심을 잃으면 죽느니라.(2:142:1~4)

▪나의 공부는 삼등이 있으니 상등은 도술道術이 겸전兼
全하여 만사를 뜻대로 행하게 되고, 중등은 용사用事
에 제한이 있고, 하등은 알기만 하고 용사는 못 하느니
라.(2:35:1~4)

수행을 하고 공부를 한다는 것은 곧 마음과 몸을 수련하고
닦는다는 의미이다. 좁은 의미에서는 가부좌를 하고 앉아서
호흡을 조절하고 내면을 응시하는 행위를 뜻하며, 넓은 의미
에서는 몸과 마음을 단련하고 수행하는 모든 행위와 활동을
포함한다.

도를 닦는 것은 몸과 마음의 균형을 유지하고 이를 통해 인
격을 완성함으로서 천지의 은혜에 보답하는 참된 삶을 살기
위한 것이다. 그런데 이렇게 할 수 있는 바탕이 되는 것은 인
간의 몸이 후천이 되어 커다란 변화에 들어서기 때문이다. 쉽
게 말해 후천이 되어 물리적 환경의 변화와 제도적 변화, 그리
고 수행문화가 정착함으로써 장수문명이 열리기 때문이다.

▪모든 백성의 쇠병사장을 물리쳐 불로장생으로 영락을
누리게 하리니 너희들은 환골탈태되어 키와 몸집이 커
지고 옥골풍채가 되느니라.(7:4:4~5)
▪동정어묵이 도덕에 합하며, 사시장춘에 자화자청自和自晴
하고, 욕대관왕浴帶冠旺에 인생이 불로장생하고...(7:5:2)

증산 상제님은 천지공사를 통해서 선천의 병든 천지를 고쳤으며, 이는 곧 천지가 개벽하는 사건이었다. 천지가 개벽하는 것은 하늘과 땅개벽에 이어 문명과 인간도 개벽하는 것을 뜻한다. 인간에게 근원적으로 병이 없어짐으로써 늙지 않고 오래 살게 되는 것이다. 설혹 병이 생기더라도 스스로 자신의 병을 찾아내어 컨트롤할 수 있기 때문에 선천의 병처럼 불치의 병은 아니다. 그래서 장수문화가 보편화된다.

> ▫ 후천선경에는 수가 상등은 1,200세요, 중등은 900세요, 하등은 700세니라.(11:299:3)

또한 여자에게 불필요한 현상도 없어지게 된다.

> ▫ 앞 세상에는 여자에게 경도가 없느니라. 불편이 막심하니 내 세상에는 없애리라.(5:288:6~7)

이렇듯 장수문화가 보편화되고 인간은 소우주로서 그야말로 존귀한 우주적 존재로 부상하게 된다.

> ▫ 천존과 지존보다 인존이 크니 이제는 인존시대니라. 이제 인존시대를 당하여 사람이 천지대세를 바로잡느니라. 예로부터 상통천문과 하찰지리는 있었으나 중통인

의는 없었나니(2:22:1~2)

- 사람은 볼수록 정이 드는 것이니 참으로 꽃 중에는 인간꽃이 제일이니라.(8:2:6)

예로부터 인간을 소우주라 한 것은 우주에서 인간이 참으로 존귀한 존재로서 자기자신 안에 우주를 품고 있으며, 또 우주를 스스로 비추어 볼 수 있기 때문이리라. 말하자면 인간은 우주의 축소판으로서 우주 전체를 인식할 수 있는 위대한 존재이기 때문에 참으로 존귀한 존재라는 것이다. 중통인의의 인의란 사람의 도리요 사람이 사람다운 이유를 말하는 것이다. 또 사람을 인간꽃이라 하고 그 꽃이 꽃 중에 제일이라 한 것은 우주는 한치의 어긋남도 없이 사욕이 아닌 공욕에 의해서 운행하고 있지만 우주에서 그 의미를 알고 있는 것은 오직 인간이기 때문이다. 후천을 만사지문화라 한 것은 바로 이러한 문맥에서 이해할 수 있을 것이다. 인간이 우주 안에 있는 모든 것을 알 수 있다는 것은 그 마음을 안다는 것을 뜻한다.

- 후천 천지사업이 지심대도술이니라.(11:182:8)
- 선천에서 지금까지는 금수대도술이요 지금부터 후천은 지심대도술이니라.(11:250:8)

이처럼 인간은 이 우주에서 아주 특별한 위치를 차지하고 있다. 고대 인류의 최고 역사서이자 대철학서이기도 한 『환단고기』에 있는 염표문念標文에는 이러한 사실을 웅변으로 말해 주는 내용이 실려 있어 각별한 주목을 끈다.

- 人은 以知能爲大하니 其道也擇圓이오 其事也協一이니라.
  사람은 지혜와 능력이 있어 위대하니 사람의 도는 천지의 도를 선택하여 원만하고 그 하는 일은 쉼 없이 길러 만물을 하나 되게 함이니라.(『환단고기』「단군세기」)[125]

인간은 하늘과 땅의 작용에서 비로소 생겨난 존재로 천지부모의 꿈과 이상을 실현해야 할 주인공이다. 이점에서만 본다면 하늘과 땅은 인간이 없이는 그 뜻을 실현할 수 없기 때문에 인간에게 더 큰 뜻이 있으며, 이점에서 인간은 하늘과 땅보다 더 위대하기 때문에 하늘과 땅을 천일天—과 지일地—이라고 하는 데 반해서 인일이라 하지 않고 태일太—이라 이른다.

그런데 이러한 태일의 인간도 후천에는 신의 도움을 받아서 비로소 임무를 제대로 수행할 수 있다. 상제님도 "추지기秋之氣는 신야神也라."(6:124:9)고 했듯이, 후천에는 신의 기운이 천지를 압도한다. 그렇다고 사람이 이 신의 기운에 억눌려 제역할

---

125) 안경전 역주, 운초 계연수 편저, 『환단고기』, 「단군세기」, 대전: 상생출판 2013.

을 하지 못하는 것은 아니다. 그렇다면 신과 인간은 도대체 어떤 관계를 맺는 것일까?

- 후천은 사람과 신명이 하나가 되는 세상이니라. (2:19:8)
- 개벽하고 난 뒤에는 좋은 세상이 나오리니, 후천 오만 년 운수니라. 그 때는 사람과 신명이 함께 섞여 사는 선경세계가 되느니라. (11:111:1~2)

신명과 인간은 동전의 양면과 같아서 서로 다른 것 같으면서도 모든 일을 함께 하며, 또 그래야 비로소 일이 이루어진다. 선천에는 신이 주도적 역할을 한 시기도 있었고, 또 인간이 독주한 때도 있었다. 그러나 후천에는 인간과 신이 밀접하게 서로 도움으로써 낙원세계를 건설하게 된다.

- 천지개벽을 해도 신명 없이는 안 되나니 신명이 들어야 무슨 일이든지 되느니라. (4:48:1)
- 천하의 모든 사물은 하늘의 명이 있으므로 신도에서 신명이 먼저 짓나니 그 기운을 받아 사람이 비로소 행하게 되느니라. (2:72:2~3)

물론 이 세상의 일을 기획하여 궁극적으로 완결짓는 주인공은 인간이다. 그러나 인간은 어디까지나 신과 합일해서야 비로소 역사의 주인공이 되는 것이다. 역사의 주인공!

그러면 후천을 주도하는 역사의 주인공은 구체적으로 누구일까?

> ■ 앞으로는 조선이 세계의 일등국이 되리니... 내가 이곳 해동조선에 지상천국을 만들리니 지상천국은 천상천하가 따로 없느니라. 장차 조선이 천하의 도주국道主國이 되리라.(7:83:8)

한민족이 역사의 궁극적인 주인공이 되고, 조선은 지상천국이 된다. 우리가 지금까지 추적해 온 지상천국의 주인공이 바로 우리 한민족의 나라 조선이라는 것이다. 또 조선이 도주국이라는 것은 시사하는 바가 매우 크다.

인류 역사의 근간 정신이 되는 뿌리종교인 신교神敎는 유불도와 기독교라는 줄기종교를 거치는 동안 철저히 왜곡되고 사글어들었다. 사람들은 신교의 존재를 망각하고 그 주재자인 상제에 대해서도 아예 잊거나 심하게 왜곡해서 아는 지경이 되었다. 근래 들어 동학을 통해서 겨우 그 명맥을 잇게 되었다. 그런데 동학의 도조인 수운 최제우의 가르침은 시천주侍天主 석 자로 요약할 수 있다.

수운은 신교의 신앙 대상인 상제님(하느님)과 천상문답이라는 만남을 가지고 "만고 없는 무극대도가 이 세상에 날 것"(『용담유사』)이라 하여 천상의 상제님이 인간의 몸으로 이 땅(조선)에 강세하실 것을 내다보았다. 그 후 수운이 상제님의 천명을 받아 그 도를 제대로 펴지 못하고 죽자 상제님이 인간의 몸으로 강세하여 인류를 구원하기 위해서 천지공사라는 전무후무의 역사 심판을 하였다.

상제님은 선천의 어지러운 세상을 교화하기 위해 내려보낸 선불유의 정신을 바탕으로 후천의 통일 조화의 문명을 열기 위해 새로운 도를 세웠다. 상제님의 종통을 이은 태모님은 "지금은 여러 교가 있으나 후천에는 한 나무에 한 뿌리가 되느니라."(11:410:4)고 하여 장차 인류의 종교가 통일될 것을 말씀하셨다.

신교라는 뿌리종교가 선불유의 줄기종교시대를 거쳐 열매의 종교, 열매의 문화로 결실하게 되는 것이다. 이 시대에 인류의 여러 국가를 통솔할 도주국이 곧 조선이니, 조선은 역사의 결실을 추수하는 명실상부한 지상천국이 되는 것이다.

V

결론

지금까지 인류의 역사 가운데 도도히 흐르는 지상천국 건설의 꿈과 이상을 찾기 위한 머나먼 여행을 했다. 결국 지상천국이란 인류가 지난 세월 겪어 온 온갖 풍상을 버틸 수 있도록 해 준 인류의 소중한 정신적 유산이면서 지고의 희망이었다.

　현대 네오 맑시스트요 희망의 철학자로 잘 알려진 에른스트 블로흐E.Bloch는 『희망의 원리Das Prinzip Hoffnung(1955~59)』에서 희망을 "아직–아니 와–있음Noch-nicht-sein"의 존재론이라 정의한 바 있다. 그가 희망의 존재론에서 그리고자 했던 궁극적인 것은 무엇이었을까? 그는 이런 희망의 존재론을 한 밤의 꿈이 아닌 한 낮의 꿈이라 하였다. 한 낮의 꿈이란 한낱 꿈으로 그치는 환상이 아니라 현실에 대한 확실한 기대임을 뜻한다. 단 그것은 아직 현실이 되지못했을 뿐, 미래의 어느 시점에는 확실한 현실이 된다는 확신이다.[126) 블로흐의 희망의 철학은 분명 토마스 모어와 그 이전의 플라톤의 이상국가로까지 거슬러 올라가는 서양인들의 꿈과 이상이 서려 있는 유토피아 사상의 완성이라 할 수 있다.

　속담에 "끝이 좋으면 다 좋다"는 말이 있다. 비록 일의 과정에 불완전하고 불만족스러운 일이 있어도 결과가 긍정적이고 좋으면 지금까지 불완전하고 불만족스러운 일이라고 여겼던 일도 긍정적인 의미로 바뀌게 된다는 뜻일 것이다. 물론 결과

---

126) Schaer, R. and Anad.(ed.), Utopia. The search for the ideal world society in the western world, New York Oxford 2000, p. 15.

보다는 과정을 중시하는 사람들도 있다. 그러나 과정이 중요하지 않다거나 무의미하다는 것이 아니라 그렇게 중요한 과정이라 하더라도 결과가 좋지 못하면 그 적극적 의미가 빛을 잃는다는 것이다.

이와 마찬가지로 지상천국이라는 인류의 이상향이 기나긴 선천 역사의 과정에서 갖은 고난과 좌초의 위기를 거쳤다 하다라도 결국 후천선경이라는 열매를 맺을 때 선천의 전 과정이 커다란 의미를 가지게 된다. 그래서 선천의 고난사를 되새겨 보고 때론 향수에 젖기도 하고 또 이를 통해서 후천선경의 긍정적 가치를 새삼 실감하게 될 것이다.

지금 인류는 범지구적 차원의 위기에 봉착해 있다. 일찍이 서양의 소위 문명비판가들은 이러한 사실을 비판하고 경고해 왔다. 그러나 이러한 뜻있는 작업에도 불구하고 이로 말미암아 사태가 근본적으로 개선되거나 호전되지는 않은 듯하다. 이것은 어디까지나 엄연한 현실의 사태를 기준으로 말하는 것이다. 예컨대 가장 대표적인 경우가 환경문제일 것이다. 환경재난을 일으키는 원인은 주로 인재人災에 의한 것으로 치부되고 있다. 자동차, 공장, 개발, 에너지, 농업, 가공, 주택, 생활 등등이 환경위기를 불러 일으키는 주된 원인으로 알려져 있다. 이에 대한 거의 파상공격에 가까운 비판이 지난 두 세기 이상에 걸쳐 제기되었다. 인문학의 주제가 거의 이 문제로 집중되어 간접적으로 환경을 개선하고 보호하기 위한 노력이 끈질기게 시도된 것이 사실이다. 그러나 이로 인해서 어떤 이렇다 할 변화가 일어났는가? 소기의 성과가 아주 없었다고 할 수는 없을 것이지만 결국 대답은 "글쎄, 별로~"라는 회의 섞인 자조의 언사다. 그 이유는 무엇인가?

일찍이 『서구의 몰락』을 저술하여 세계인을 놀라게 함으로써 일약 세계적 문필가로 등장한 슈펭글러는 이러한 문제를 분석하여 매우 회의적인 결론을 도출한 바 있다. 그것은 인류의 종말이 거의 가까이에 와 있으며, 인류의 힘으로는 이것을 저지할 수 없다는 것이다. 그 이유는 과연 무엇이었던가? 그는 그 이유를 뚜렷하게 제시하지는 않았으나 결국은 인간의 본능적 공격성이 아닌가 한다. 즉 서양의 과학문명을 건설해 온 "파우스트적 서양인"은 마치 육식동물처럼 사납게 상대를 공격하는 본성을 가지고 있기 때문에 지구가 멸망할 때까지 결코 공격을 멈추지 않을 것이라는 것이다. 공격의 대상은 자연과 타자이며, 이로 인한 환경 파괴는 결국 인류를 몰락으로 몰고 갈 것이라는 것이다. 그러면 인류는 어떻게 되는 것이며, 철학으로서는 그 어떤 대책도 없단 말인가? 슈펭글러의 대답은 그러한 대책이 없다는 것이다. 단지 옛날 로마의 베수비오화산이 갑자기 폭발하여 환락도시 폼페이에서 환락에 빠져있다가 자신도 모르게 몰살을 당한 로마의 귀족들처럼 그렇게 평소의 일을 열심히 하다가 장렬하게 최후를 맞으라는 조언을 할 수 있을 뿐이다. 그 이외의 길은 없다고 단언한다. 진정 인류에게 구원의 희망은 없다는 것인가?

앞에서 이미 소개한 바 있는 영국의 심리학자 스티브 테일러는 사태를 좀 다르게 본다. 그가 말하는 "타락" 혹은 "자아폭발"이란 본질적으로 지구 환경의 변화로 인한 것이다. 즉 기원전 약 4,000년 경에 오늘날의 사하라사막과 유라시아지역이 기후변화로 인하여 급격히 황폐화되고 사막화되는 바람에 그곳에 살던 사람들은 살아남기 위하여 다른 곳으로 이동하여 그곳에 살던 원주민들을 죽이고 약탈하는 등 포악해졌다. 테일러는 이것을 타락 혹은 자아폭발이라 하는데, 황폐해진 환경에 살아남기 위하여 자아를 단련하거나 상대방을 공격하는 심성이 굳어져 결국 타락하게 되었다는 것이다. 그런데 그는 플라톤철학이나 인도의 베다철학, 불교, 그리고 중국의 도교 등이 그러한 타락 상태를 극복하기 위한 시도라고 주장한다. 뿐만 아니라 테일러는 그러한 타락이 현대에 들어 여러 가지 운동, 즉 인권운동과 민주주의, 반핵운동, 여성운동, 동물애호 등등의 범세계적 운동을 통해 새로운 국면으로 접어들고 있다고 본다.

인류가 그간 추구해 온 지상천국 운동은 동서양에 걸친 보편적인 것이며, 그 핵심은 인간이 진정으로 행복하게 살 수 있는 환경과 조건을 쟁취하기 위한 몸부림이었다. 위에서 지금까지 다루어 온 지상천국의 내용을 다시 요약하거나 반복할 필요는 없으리라 본다. 단지 그 의미를 되짚어 보는 것으로 족하리라.

　인간은 역사적 존재다. 즉 어제를 발판으로 오늘을 살아가는 존재라는 말이다. 인간은 역시 역사 속에 매몰되어서는 안 되는 존재, 미래를 먹고 오늘을 굳건히 사는 꿈과 소망의 존재다. 그리하여 인간은 어제를 기억으로 저장하고 그것을 발판으로 내일을 내다보면서 오늘을 겸허히 살아가는 입체적 존재로 정의할 수 있다.

　인간의 어제는 영광만이 아니라 피와 상처로 얼룩진 상극의 역사로 기록되어 있다. 그리하여 증산 상제님은 인류의 역사가 전란이 그칠 새가 없던 비극의 과정이었다고 말씀하셨다. 그것은 원한이 증폭되어 온 역사였다. 인간은 하고자 하는 바가 정당한 이유 없이 이루어지지 않으면 원한을 품는 존재로서 선천에는 그러한 원한과 그로 인한 살기가 천지를 뒤흔들었다는 파격적인 말씀을 해주셨다. 그러나 우리가 위에서 살펴보았듯이, 그것은 인간만의 책임이라기 보다는 우주의 운 자체에도 원인이 있었다. 즉 우주의 변고變故로 지구에 상화相火라는 뿌리 없는 불덩어리가 생기는 바람에 부정적인 환경이 조성된 것이다. 이것을 모르고 자꾸 인간에게만 책임을 전가하는 것은 우주 전체의 변화운동이라는 사태에 대한 무지에서 비롯된 깃이다.

　오늘의 인간은 그러한 불행한 과거의 끝자락에 서서 미래의 새로운 희망을 추구하고 설계하는 존재로 살아가야만 한다.

그것이 바로 인간의 사명일 것이다. 과거를 거울삼아 미래를 꿈꾸는 창조적 인간. 진정한 행복이란 과거와 미래가 오버랩 되는 가운데 새로운 가능성으로서 주어지는 것이리라. 오늘을 사는 인간은 과거와 미래가 교차하는 새로운 역사의 현장에서 끊임없이 새로운 미래로 전진하는 창의적인 삶을 견지하지 않으면 안 되는 역사의 전환점에 서 있는 것이다.

지상천국!

인류의 꿈과 희망이 서려있는 지상선경, 조화선경, 현실선경의 대이상향을 향하여 항상 새롭게 전진하는 인간만이 이 지상천국을 환상이 아닌 참된 현실로 맞을 수 있을 것이다.

참고문헌

경전

▸ 증산도 도전편찬위원회, 『증산도도전』, 서울: 대원출판 1992

▸ 만나성경편찬위원회, 『성경』, 서울: 성서교재간행사 1991

▸ 천도교중앙총부 편, 『천도교경전』, 서울: 천도교중앙총부 출판부
  포덕 138

국내

▸ 강영계 옮김, 조르다노 부르노 지음, 『무한자와 우주와 세계 외』,
  서울: 한길사 2005

▸ 경서원, 『불교와 노장사상』, 서울: 삼삼수삼랑 1992

▸ 權五惇 역해, 『예기』, 서울: 홍신문화사 1979

▸ 그레이스 E. 케인즈 지음, 이성기 옮김, 『역사철학』, 서울: 대운사
  1994

▸ 김선희, 『마테오 리치와 주희, 그리고 정약용』, 서울: 심산 2012

▸ 김욱동 지음, 「길가메시」, 『우리가 정말 알아야 할 서양 고전』,
  서울: 현암사 2004

▸ 김진수, 『우리는 왜 지금 낭만주의를 이야기하는가』, 서울: 책세
  상 2001

▸ 김형기, 『후천개벽사상연구』, 서울: 한울 2004

▸ 김희영 지음, 『이야기 중국사 3』, 성루: 청아출판사 2009

▸ 남만성 역주, 『예기(중)』, 서울: 평범사 1982

▸ 노만 콘 지음, 김승환 옮김, 『천년왕국운동사』, 서울: 한국신학연

구소 1993

▸ 노승정 외,『나노의 세계』, 서울: 북스힐 2006

▸ 노자, 오강남 풀이,『도덕경』, 서울: 현암사 1999

▸ 러시아과학아카데미연구소 편, 이을호 옮김,『세계철학사(4)』, 서울: 중원문화 2009

▸ 리차드 E. 버드 기록, 안원전 옮김,『북극 너머 지구 속 비행일지』, 서울: 대원출판 1999

▸ 마노 다카야 지음, 임희선 옮김,『낙원』, 서울: 늘녘 2001

▸ 마테오 리치 지음, 송영배 외 옮김,『천주실의』, 서울대학교출판부 2001

▸ 마테오 리치 지음, 신진호 외 옮김,『마테오 리치의 중국견문록』, 서울: 문사철 2011

▸ 스티브 테일러 지음, 우태영 옮김,『자아폭발』, 서울: 다른세상 2011

▸ 신재일 옮김, 토마스 홉스 지음,『리바이어던』, 파주: 서해문집 2007

▸ 신일철,『동학사상의 이해』, 서울: 사회비평사 1995

▸ 안경전,『증산도의 진리』, 서울: 대원출판 2002

▸ 안경전 역주, 운초 계연수 편저,『환단고기』, 대전: 상생출판 2013

▸ 안운산,『천지의 도 춘생추살』, 서울: 대원출판 2007

▸ 양우석,『천주는 상제다』, 대전: 상생출판 2011

▸ 오상훈,「중국 고대의 선경」,『유토피아』, 경산: 문예미학사 2000

▸ 유진웨버 지음, 김희정 옮김, 『종말의 역사』, 서울: 예문 1999

▸ 이상률 옮김, 베르너 좀바르트 지음, 『사치와 자본주의』, 서울: 문예출판사 1997

▸ 이봉재, 「컴퓨터, 사이버 스페이스, 유아론」, 이인식 엮음, 『새로운 천년의 과학』, 서울: 해나무, 296~314쪽

▸ 이인식 엮음, 『새로운 천년의 과학』, 서울: 해나무 2002

▸ 이제원 역, 『고문관지』, 서울: 지영사 1998

▸ 임형진, 『동학의 정치사상』, 서울: 모시는사람들 2004

▸ 정의행 역주, 『미륵6부경』, 서울: 이바지 1998

▸ 제레미 스탱룸 지음, 김미선 옮김, 『세계의 과학자 12인, 과학과 세상을 말하다』, 서울: 지호 2009

▸ 조너던 D. 스펜스 지음, 양휘웅 옮김, 『신의 아들. 홍수전과 태평천국』, 서울: 이산 2008

▸ 존 K. 페어뱅크 편, 김한식 옮김, 『캠브리지중국사 10(상)』, 서울: 새물결 2007

▸ 최진규 저, 『태평천천국의 종교사상』, 광주: 조선대출판부 2002

▸ 토마스 S. 쿤 지음, 김명자 옮김, 『과학혁명의 구조』, 서울: 까지 2002

▸ 카를 마르크스, 프리드리히 엥겔스 지음, 조현수 역해, 『마르크스선집』, 서울: 타임기획 2006

▸ 콜린 맥다넬 외 지음, 고진옥 옮김, 『천국의 역사 I』, 서울: 도서출판 동연 1998

▸ 플라톤 저, 송재범 역주, 『국가』, 서울: 풀빛 2005

▸ 트리스트럼 헌트 지음, 이광일 옮김, 『엥겔스평전』, 서울: 글항아

리 2010

▸ 티모시 그린 베클리 편저, 안원전 옮김, 『지구 속 문명. 북극 너머의 미스테리』, 서울: 대원출판 1996

▸ 표영삼, 『수운의 삶과 생각. 동학 1』, 서울: 통나무 2004

▸ 하인리히 켐코브 지음, 김대웅 옮김, 『맑스, 엥겔스 평전』, 서울: 시아출판사 2003

▸ 함재봉, 『탈근대와 유교』, 서울: 나남출판 1998

▸ 한동석, 『우주변화의 원리』, 서울: 대원출판 2001

▸ 홍성욱 지음, 『생산력과 문화로서의 기술』, 서울: 문학과 지성사 1999

▸ 히라카와 스케히로 지음, 노영희 옮김, 『마테오 리치: 동서문명교류의 인문학 서사시』, 서울: 동아시아 2002

국외

▸ Schaer, R. and anad.(ed.), *Utopia. The search for the ideal world society in the western world*, New York Oxford 2000

▸ Hong Beom Rhee, *Asian Millenarianism, An interdisciplinary study of the Taiping and Tonghak rebellions in a global context*, New York: Cambria press 2007

▸ M. Ricci, Trans. by Peter Hu Kuo-chen, *The true meaning of the lord of heaven*, Institut Ricci, Taipei-Paris-Honkong 1985

▸ Kapp, E., *Grundlinien einer Philosophie der Technik zur Entschtehungsgeschichte der Kultur aus neuen Gesichtspunkten*, Braunschweig 1877

‣ Hegel, G. W. F., *Vorlesungen über die Philosophie der Geschichte*, *in: Werke,* Frankfurt/M. 1969ff

‣ Hegel, G. W. F., *Grundlinien der Philosophie des Rechts oder Naturrecht und Staatswissenschaft im Grundrisse, in: Werke,* Frankfurt/M. 1969ff

‣ Engels, F., *Die Entwicklung des Sozialismus von der Utopie zur Wissenschaft*, in: ML-Werke(Karl) Dienz Verlag, Berlin. Bd. 19, 4 Aufl. 1973, unveraenderter Nachdruck der 1 Aufl. 1962, Berlin/DDR S. 189~228.

‣ Marx-Engels Collected Works, New York 1975-2005, vol. 24

찾아보기